中公新書 2749

長尾宗典著

帝国図書館——近代日本の「知」の物語

中央公論新社刊

まえがき

本書を手に取っていただいた読者のみなさんは、帝国図書館と聞いて、どのような図書館をイメージするだろうか。日本にあるのか、現存するのか、どのくらいの大きさなのか、何冊くらい本があるのか、様々な疑問が沸いてくるかもしれない。

帝国図書館とは、一八九七（明治三〇）年に設立され、文部大臣の管理の下で運営された近代日本における国立図書館である。大戦後の一九四七（昭和二二）年に国立図書館と改称し、四九年には、新たに国会に設置された国立国会図書館（英語名のNational Diet Libraryを略して「ＮＤＬ」とも呼ぶ）に統合されてその役割を終えた。場所が上野にあったことから、「上野図書館」と呼ばれることもある。

多くの国には納本制度というものがあって、その国で出版されたすべての出版物を国立の図書館に納入することを法律で義務づけている。現在の日本では、国立国会図書館法によって、国内で発行されたすべての出版物（図書や雑誌など紙媒体のものだけでなく、ＣＤやＤＶＤのような電子出版物も含まれる）はＮＤＬに納入することが定められている。これらはＮＤＬ

において永く保存され、日本国民の知的活動の記録、文化的な資産として、後世まで継承されるのである。

NDLが出来る以前、第二次世界大戦以前の日本において国立図書館の機能を果たしていたのが帝国図書館だった。もっとも戦前期の法制度では、帝国図書館に直接出版物を納めるという決まりはなかった。その代わりたとえば一八九三年の出版法で「文書図画を出版するときは発行の日より到達すべき日数を除き三日前に製本二部を添え内務省に届出《とどけいづ》べし」と定められ、すべての出版物は警察などの内政事務を管轄する内務省に届け出ることになっていた（雑誌や新聞などは新聞紙条例・新聞紙法という別の法律の定めによるが、やはり内務省への届出が義務づけられていた）。検閲を行うためである。帝国図書館では、文部省と内務省との間の取り決めに基づき内務省に納本された図書や雑誌二冊のうち一冊の交付を受けて蔵書を形成していた。そのため間接的ではあるが、戦前日本の出版物は、帝国図書館に集められていたのである。

帝国図書館の蔵書は戦後NDLに引き継がれた。今日同館が所蔵している戦前期の出版物の大半は、帝国図書館の蔵書に由来する。また、帝国図書館の建物のほうは、現在、国際子ども図書館となっており、児童書を専門に扱う図書館として業務を行っている。帝国図書館については、近年は中島京子《なかじまきょうこ》氏の小説『夢見る帝国図書館』が話題になったほか、明治時代の代表的な洋風建築物としてテレビ番組等でもしばしば取り上げられている。SNSなどで検索すると、近代日本の文豪が活躍する架空のゲームの舞台としても登場するようだ。

本書は、以上のような帝国図書館の歴史を、蔵書構築や利用状況からその前史も含めて取り上げ、論じるものである。その際、とくに次の二つの視点を意識しつつ帝国図書館の歩みを検証していく。

一つは、日本近代史の流れのなかに図書館の歴史を位置づけることである。図書館の歴史は、博物館や美術館の歴史と比べて、近代日本の文化史でも検討対象として扱われることが少なかった。しかし、図書館は少なからぬ人びとにとって、国内の専門書や小説のほか、海外の文献や、新聞や雑誌などの活字メディアにも触れる場所であった。本書では、近代日本のメディア史や思想史の知見もふまえながら、帝国図書館史の歴史を、新たな文化史の文脈に位置づけてみたい。

二つ目は、図書館の管理者側の立場からだけでなく、読者＝利用者側の視点もふまえて図書館のあゆみを双方の視点から捉えることである。図書館の提供者側の思惑と利用者の期待にはズレがある。管理者側の意図とは別に、図書館がどのような使われ方をしたのかは、興味深い論点を構成するはずである。先行研究にも学びつつ、近代日本の読書の社会史を探究する一環として、帝国図書館の軌跡を描いていきたい。

以下、本書の構成について簡単に触れておこう。

序章では、議論の前提として日本の図書館の明治以前の歩みを簡単にふり返るとともに、そのなかでの日本の国立図書館の位置づけを試みる。第一章と第二章では帝国図書館の「前史」を扱う。第三章では、帝国図書館の設立に邁進《まいしん》した田中稲城《たなかいなぎ》の活躍から、帝国図書館設立構想を考察していく。第四章では、新館開館後の帝国図書館の活動について、収集と利用の両面から検討していく。第五章では、三〇年近く帝国図書館を牽引《けんいん》してきた田中稲城館長が退任し、後継世代に図書館の経営がゆだねられていく過程について論じる。第六章では戦争に向かう時代の帝国図書館が果たした役割とともに、戦後の占領政策のなかで帝国図書館がどのように変化していったのかを見ていきたい。終章では、現在の国立国会図書館につながる問題を扱う。このほか、図書館の専門用語や本文の理解を助けるための背景的知識をコラムにまとめた。本書の検討を通じて、帝国図書館が近代日本の社会でいかなる存在であったのかを考えたい。

帝国図書館—近代日本の「知」の物語　目次

第四章 「東洋一の図書館」の理想と現実 127

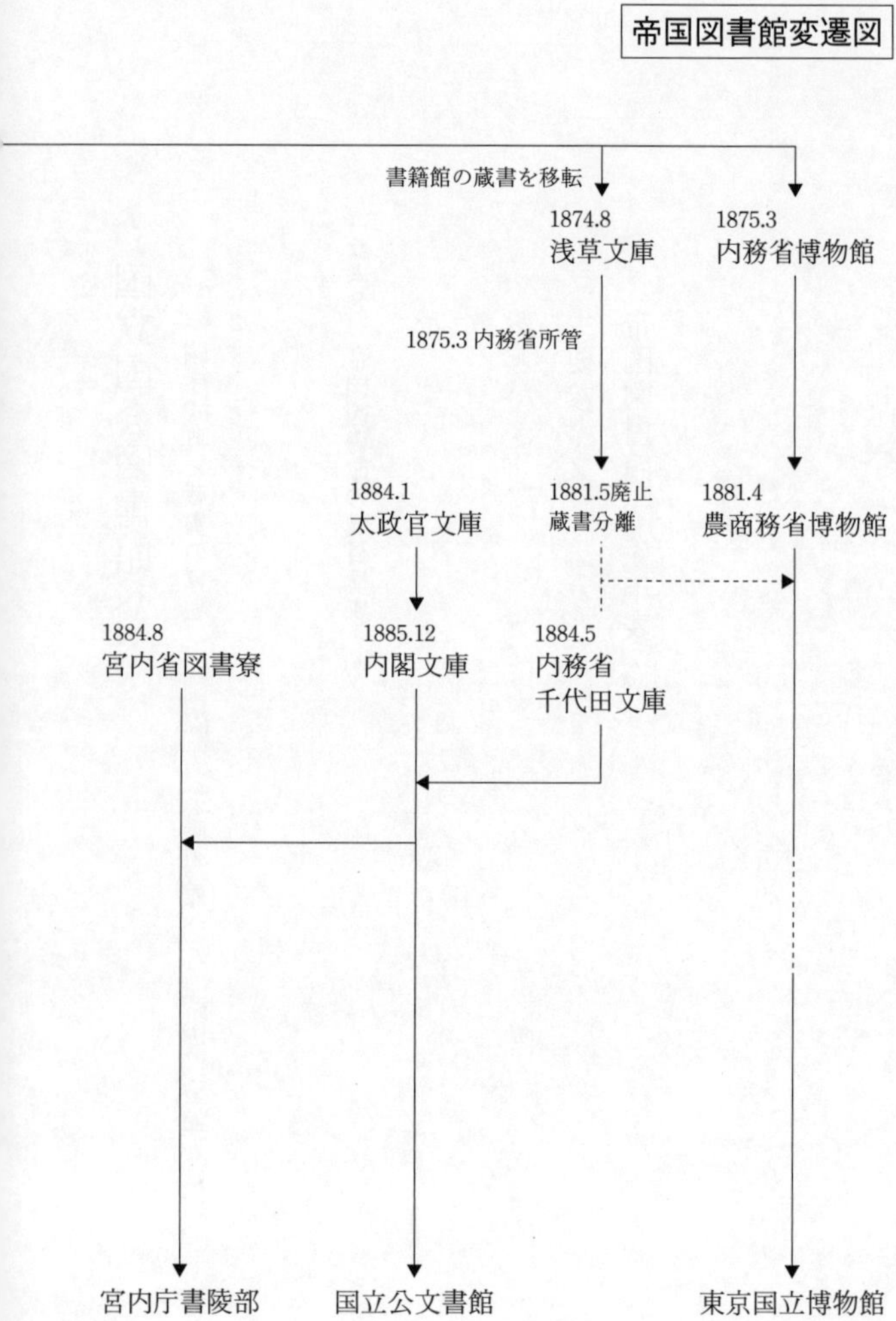
帝国図書館変遷図
書籍館の蔵書を移転
1874.8
浅草文庫
1875.3
内務省博物館
1875.3 内務省所管
1884.1
太政官文庫
1881.5廃止
蔵書分離
1881.4
農商務省博物館
1884.8
宮内省図書寮
1885.12
内閣文庫
1884.5
内務省
千代田文庫
宮内庁書陵部
国立公文書館
東京国立博物館

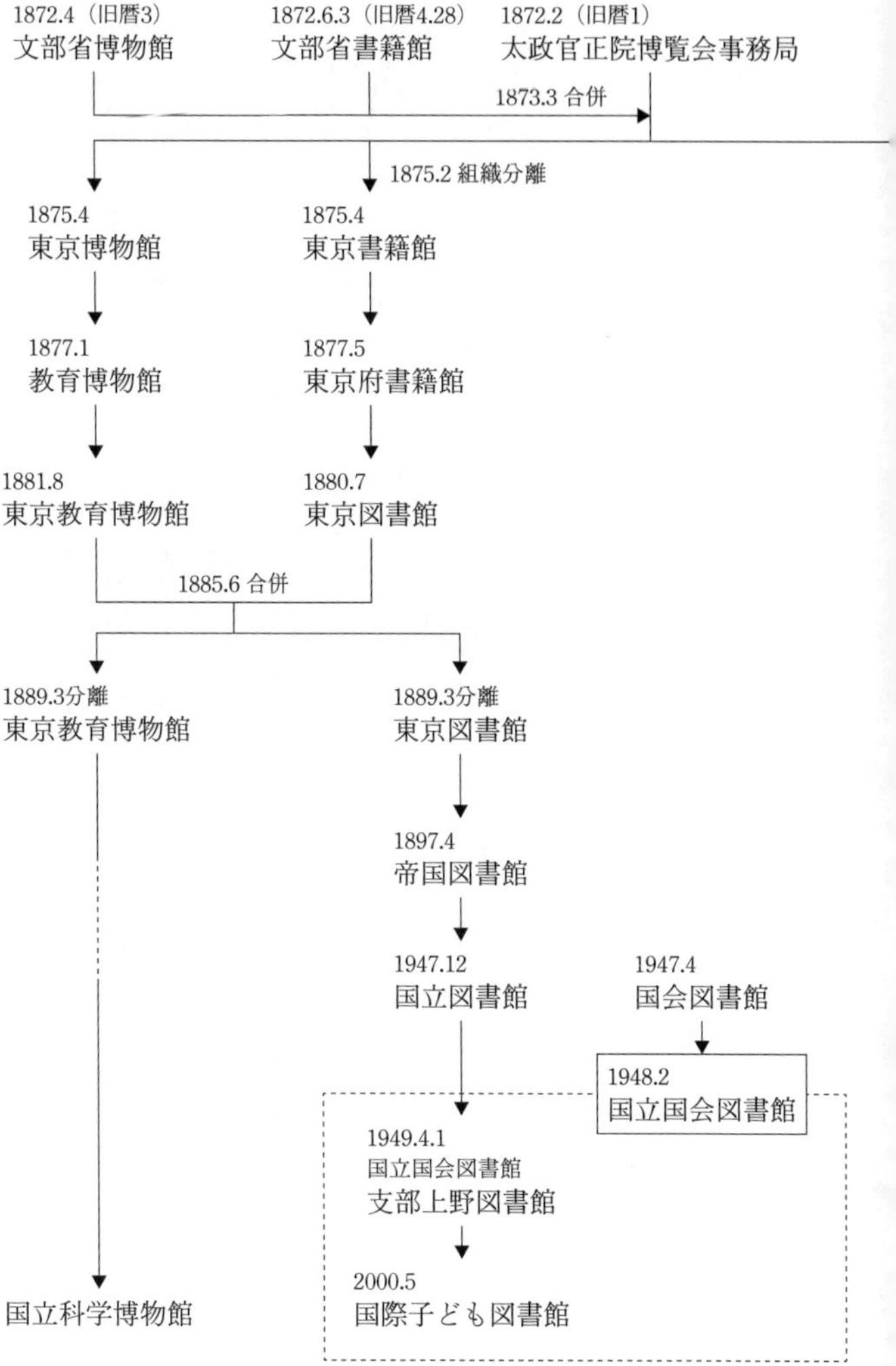
1872.4（旧暦3）
文部省博物館
1872.6.3（旧暦4.28）
文部省書籍館
1872.2（旧暦1）
太政官正院博覧会事務局
1873.3 合併
1875.2 組織分離
1875.4
東京博物館
1875.4
東京書籍館
1877.1
教育博物館
1877.5
東京府書籍館
1881.8
東京教育博物館
1880.7
東京図書館
1885.6 合併
1889.3分離
東京教育博物館
1889.3分離
東京図書館
1897.4
帝国図書館
1947.12
国立図書館
1947.4
国会図書館
1948.2
国立国会図書館
1949.4.1
国立国会図書館
支部上野図書館
2000.5
国際子ども図書館
国立科学博物館

凡例

＊史料の引用にあたっては、新書の性質にかんがみ、註記は最低限にとどめた。読みやすさを優先して旧漢字は現行の字体に、片仮名を平仮名に直したほか、濁点を補った。歴史的仮名遣いも現行の文字に直し、その他適宜句読点を補った。
＊本文中では西暦と和暦を適宜併記した。また、太陽暦採用以前の日付は西暦で表し、陰暦を併記した。
＊頻出する以下の文献名は略称を記した。
『上野図書館八十年略史』→『略史』
『国立国会図書館三十年史』→『三十年史』
『国立国会図書館五十年史』→『五十年史』
『帝国図書館年報』→『年報』
『近代日本図書館の歩み』→『歩み』
＊引用文中の〔 〕内の記述は筆者による補足である。
＊人物の敬称は省略した。

序章　近代日本と図書館

1　図書館の受容

「思想」を仕入れる場所

一八九七（明治三〇）年四月に公布された帝国図書館官制第一条は、同館の目的を次のように定めている。

> 帝国図書館は文部大臣の管理に属し内外古今の図書記録を蒐集保存し及衆庶の閲覧参考の用に供する所とす。

ここには、国内はもちろん、外国の資料も集めること、また、新刊書だけでなく、江戸時代以前の古書なども集めて保存していくことが規定されている。国内だけでなく海外の事情を知ることができ、さらに日本国内で書かれた本は歴史的な文献も含めて収集していることが帝国図書館の役割であった。そしてそれらは一般の人びとが閲覧することができるものであった。

一九〇二年暮れ、陸羯南《くがかつなん》が主宰する新聞『日本』紙上に、履霜生の「帝国図書館」と題する記事が載った。それによれば「図書館」とは「近代の諸大家が思想の仕入に行く所」であり、「図書館は人の思想を豊富にし知識を発達せしむるの役目を持っておる者である」という(『日本』一九〇二年一二月二八日)。

図書館で「思想」を仕入れたり、知識を発展させたりするというのは少し大袈裟に聞こえるかもしれない。しかし、図書館は公共の施設として、利用者の知的要求をさまざまな資料から支えていく社会的な役割が存在する。今日ではインターネットの普及によって、簡単な情報を得るために図書館に通う必要は少なくなったものの、過去の出来事を調べたり、複数の文献を比べながら参照する場合、図書館の存在は不可欠である。専門家のためだけに図書館が必要なわけではない。どうしても読みたい本があるのに、個人で買うには高価すぎるとか、すでに絶版になっているということは往々にしてある。私たちの社会に図書館があること、図書館が過去からの文献を蓄えて維持していることの社会的意味は、決して小さくない。にもかかわらず、一方では図書館を「無料貸本屋」だと批判する声も存在する。なぜだろうか。

図書館情報学者の根本彰《ねもとあきら》は、「後から振り返るために知を蓄積して利用できるようにする仕組み」を「アーカイブ」と規定している。この「アーカイブ」は、公私の文書、記録類を保管して利用に供する文書館＝アーカイブズとは区別された概念で、対象物を表現したドキュメント（文書・記録、写真、音源、映画などのように対象物を表現したもの）のなかでもさらに「意図的に集め保存する」要素を持つものであるという。根本は、日本において図書館がもっぱら本を無料で借りられる施設として漠然と捉えられ、社会にとって不要不急の存在と見なされがちなのは、ひとえに知を蓄積して活かす「アーカイブ」の考え方が国民に十分に理解されていないからだという（根本彰『アーカイブの思想』）。重い指摘だが、「内外古今の図書記録」を集めて保存することを使命とする帝国図書館は、まさに根本のいう「アーカイブ」といえるであろう。近代日本の歴史においてその機能がきちんと果たされてきたかどうかは本書で繰り返し問いかけていくことになる。

昔の図書館の姿

以下、帝国図書館の歴史を述べる前に、まず「図書館」がどういう施設として見られてきたかの歴史的な変遷を確認しておく。一般的に抱かれている図書館のイメージが、かえって歴史的な変遷を捉えにくくすることが多いためである。

たとえば、今日、ほとんどの人が図書館では無料で本が借りられると考えているだろうが、戦前の日本はそうではなく、帝国図書館でも閲覧料を徴収していた。国の図書館だから特別扱いだったのではない。一八九九年に制定された図書館令では、「公立図書館に於ては図書閲覧料を徴収することを得」(第七条)と定められていて、多くの図書館では閲覧料を徴収していた。一九五〇年の図書館法で「公立図書館は、入館料その他図書館資料の利用に対するいかなる対価をも徴収してはならない」(第一七条)と規定されて以降、図書館の利用は無料となった。

また、帝国図書館の本は館内での閲覧が原則で、特別な許可がなければ図書館の外への持ち出しは許されなかった。読みたい本を探すのに、現在のように検索用の端末が置いてあるわけではない。図書館で本を読む場合、備え付けの冊子またはカードに書かれた目録の中から目当ての書名を探し出さなければならなかった。そして必要事項を紙の請求票に書いて係員に提出し、書庫から出してもらっていた。かつての人びとは、現在の私たちと同じようには図書館を使っていなかったし、使えなかったのである。

翻訳語としての「図書館」

「図書館」は、明治維新後、西洋のLibrary（ドイツ語ではBibliothek、フランス語ではbibliothèqueという）の翻訳語として作られた。新しい訳語を作る必要があったのは、それ以前の日本語に、「ライブラリー」の概念とぴったり一致するものが存在しなかったからだ。明治維新後、日本に住む大半の人びとにとっては、いまだ「図書館」という言葉は馴染みのないものだった。

古くは、書物を保管する蔵は「文庫」と呼ばれていた。奈良時代に石上宅嗣《いそのかみのやかつぐ》が設けた「芸亭《うんてい》」をはじめとして、貴族や寺社、武家による文庫で書籍の収集が行われていた。武家文庫としては、鎌倉時代に北条氏が設けた金沢文庫《かねさわぶんこ》や、室町時代になって再興された足利学校の文庫が有名である。豊臣秀吉《とよとみひでよし》の甥で関白となった豊臣秀次《ひでつぐ》も熱心な典籍の収集家であった（川瀬一馬『日本における書籍蒐蔵の歴史』）。

日本で書籍商が誕生し、出版がビジネスとして成立してくるのは、戦国時代の末期からといわれている。木版印刷が普及し、書籍の商業出版が広がった江戸時代以後になると、幕府が作った紅葉山《もみじやま》文庫のほか、昌平坂学問所で書籍の収集が行われた。また、各藩でも書籍を保管するための文庫が設けられた。紅葉山文庫の蔵書は、幕末の元治年間で和漢合わせて一二万冊以上あったという（長澤孝三『幕府のふみくら』）。しかし、これらの文庫は基本的には書物の保管施設であり、幕府や藩の役人が利用することはあっても、一般の庶民が気軽に利用できる施設ではなかった。江戸時代後期には、商人や国学者の篤志によって庶民が閲覧できる文庫も設立されたが、財政基盤は不安定で、明治維新以後、設立者の死去により蔵書が散逸してしまうなど、永続的な活動の継続は困難であった。

なお、いわゆる「鎖国」体制下の日本でも、世界地理書の翻訳や幕末の外国語辞書編纂を通して、西欧に書物を貯蔵するための施設が存在するという情報は断片的にもたらされていた（青木次彦「〝図書館〟考」）。開国後は、欧米に派遣された幕府使節団の記録によって、ライブラリーに関する情報はさらに充実した（三浦太郎「〝書籍館〟の誕生」）。そのなかでも有名なのが、福澤諭吉《ふくざわゆきち》の『西洋事情』である。福澤は、西洋諸国の都市部に「ビブリオテーキ」という文庫があり、誰もが館内で自由に本を読むことができると紹介している。また、福澤は資料の収集について、外国の書籍は購入し、自国内で新たに出版された書籍は一冊納入される決まりがあるとして納本制度の存在にも言及している（『西洋事情』初編巻之一）。かくして、日本在来の「文庫」は、西洋のライブラリーと出会い、その理念の受容を通して「図書館」になっていったのである。

文庫・書籍館・図書館

江戸時代までの「文庫」が明治以降の「図書館」に変わる前、ライブラリーに対応する翻訳語がもう一つ存在した。「書籍館《しょじゃくかん》」である。一八七二年に文部省が湯島聖堂に設置したのも書籍館であった。

一方、施設名称としての「図書館」が最初に使われたのは一八七七（明治一〇）年のことである。東京大学の設立に際して法、理、文学部の三学部図書館が設けられたときにこの語がはじめて使われた。

「文庫」が「書籍館」を経て、いつ「図書館」になったのかは、実は図書館史研究者の間でも意見が分かれている。さらに書籍館にはショセキカン、ショジャクカンという二つの読み方があり、図書館もトショカンだけでなくヅショカンという読み方があった。おおむね、一八九〇年代に図書館という呼称に、読みもトショカンに統一されていったとされているのだが（岩猿敏生『日本図書館史概説』）、この例に漏れるケースも多い。

たとえば、一八九二年に結成された図書館関係者の業界団体は日本文庫協会という名称だった。同会が機関誌『図書館雑誌』を刊行するのは一九〇七年で、名称を日本図書館協会と改称するのは翌〇八年のことである。東京大学の図書館が出来てから実に三〇年が経過していた。「図書館」の読み方に関しても、明治期の新聞の振り仮名を見る限り、明治末期までヅショカンとトショカンの両方が使われていた。

右の問題に関連して、明治前期の「図書館」には、今でいう専門図書館や参考図書館の含意があったという説が出されている（鈴木宏宗「明治一〇年代「図書館」は「書籍館」に何故取って代ったか」）。これを敷衍《ふえん》すれば、大学などの専門の学者向けに貴重な学術文献を提供する施設が「図書館」で、一般向けに日常的、実用的な本を貸し出す施設が「書籍館」だったことになる。一八八四年分の文部省の統計に掲載された書籍館一覧表には合計二五の図書館・書籍館が掲載されており、そこで「図書館」ないし「図書室」の名称を用いている施設は、東京図書館以外ではいずれも文部省直轄の学校や博物館に限られていた。いっぽう府県立の施設はすべて「書籍館」になっており、右の仮説を裏付けているように思える（『日本帝国文部省年報』第一二）。文部省の事務の上では、一八九〇年代以降「書籍館」から「図書館」へと統一されていった。

2　国立図書館

図書館の種類

図書館にはさまざまな種類がある。利用者層や設置主体などによって公共図書館、学校図書館、大学図書館、専門図書館、国立図書館などに区分される。図書館の種類（館種）はおのずと蔵書構成にも影響を与える。大学図書館が持つような専門的な洋書を公共図書館は所蔵していないし、福祉や児童文学を学ぶ学科がない大学図書館に絵本が置いてあることは稀だろう。

公共図書館（パブリック・ライブラリー）は、誰もが利用でき、無料で地域住民に公開される図書館を指す。地方公共団体が設置する都道府県立や市区町村立の図書館のほか、一般に開かれている成田山新勝寺《しんしょうじ》の成田山仏教図書館のように、民間の法人が設置する図書館も含まれる。私たちにも馴染みが深い図書館である。公共図書館のうちとくに公費で運営されている施設を公立図書館という場合もある。

世界史的に見た場合、一九世紀の半ばには、イギリスやアメリカで法整備が進み、無料で資料を閲覧できる公共図書館が相次いで設立された。その背景には産業革命の進行によって台頭してきた労働者階級への対応があった。公共図書館が知識と娯楽を提供することで、労働の質を高め、体制に従順な市民を作り出す思惑があったともいわれている。その意味では公共図書館はまぎれもなく近代化の産物であった。幕末以来、日本が世界の「図書館」と出会ったときに見出したのは、発展しつつある公共図書館の姿だった。

従来、日本の図書館の歴史は、長らく公共図書館の活動を中心に描かれてきた（石井敦『日本近代公共図書館史の研究』、永末十四雄『日本公共図書館の形成』など）。最近になって学校図書館や大学図書館の歴史が注目されるようになったが、国立図書館であった帝国図書館の歴史は、まだまだ研究の余地がある。

世界の国立図書館

国立図書館（ナショナル・ライブラリー）の定義について、現在最もよく参照されるのが、一九七〇年のユネスコの総会で採択された「図書館統計の国際的な標準化に関する勧告」である。それによれば、国立図書館には、①当該国で出版されたすべての出版物を収集して「納本」図書館の機能を果たし、②国内で発行された出版物の目録（全国書誌）を作成し、③外国文献の大型コレクションを収蔵して整備し、④国内の文献情報センターとして国内機関の所蔵情報をまとめて総合目録を編集し、⑤過去にも遡って遡及的に全国書誌を刊行する機能が期待されている（鈴木平八郎『国立図書館』）。

国によって多少事情は異なるものの、国立図書館には一八世紀から一九世紀にかけて設立され、あるいは基盤が整備されて大きく発展したものが多い（河井弘志「ナショナル・ライブラリーの理念」）。産業革命以後、近代国民国家の形成過程においては、教育の改善や選挙権の拡充などを通して民衆を国民として統合していくことが目指されたが、各国における国立図書館の成立は、近代国家の形成とも相互に関係している。

代表的な世界の国立図書館の概要と起源を見てみよう。

フランスでは、フランス国立図書館（ＢｎＦ：Bibliothèque nationale de France）が、国立図書館の機能を果たしている。これは、既存の旧国立図書館が手狭となってきたため、新構想のフランス図書館を併せて、一九九四年に発足したものである。旧館は、一四世紀にシャルル五世が設立した王室文庫を起源とする。一六世紀にフランソワ一世が勅令を発し、領土内で印刷された本の納本を制度化したことにより、蔵書の基礎が確立した。その後、絶対王政下で蔵書を拡大させた王立図書館は、フランス革命を経て国立図書館になっていった。

ドイツ国立図書館（ＤＮＢ：Deutsche Nationalbibliothek）は、ライプツィヒとフランクフルト・アム・マインの二つの図書館からなる。ドイツでは統一国家の形成が遅れたため、各地に図書館は作られたが、国立図書館自体の形成が進まなかった。一六六一年設立のブランデンブルク侯図書館は、一七〇一年にベルリン王立図書館となり、のちにプロイセン王国の図書館へと発展していった。これとは別にドイツ全土をカバーする納本図書館として、一九一二年にライプツィヒにドイチェ・ビュッヘライが建設された。第二次世界大戦後、ドイツが東西に分割され、ライプツィヒが東ドイツに編入されたので、西ドイツはフランクフルトにドイチェ・ビブリオテークを発足させた。一九九〇年、東西ドイツの統一により、ライプツィヒとフランクフルトの二館が統合され、二〇〇六年から現在のドイツ国立図書館の名称を

国立国会図書館東京本館外観　国立国会図書館ウェブサイトより

用いている。なお、ベルリンの図書館は、現在は州立図書館になっている。

イギリスでは、一九七三年に大英博物館の図書館部門が独立し、複数の国立図書館と統合されて英国図書館（BL：British Library）が設立された。一億五〇〇〇万点の資料を有する。それまでは一七五三年に設立された大英博物館附設の図書室が、長くイギリスの国立図書館として機能していた。一九世紀半ばには、円形閲覧室の建設、目録の整備、著作権法改正などによって出版物の大英博物館への納本が実現した。同館図書室が世界的な規模に発展したのはアントニオ・パニッツィ館長の功績による（藤野幸雄『大英博物館』）。

アメリカでは、議会図書館（LC：Library of Congress）が国立図書館の役割を果たしている。現在の蔵書の総資料点数は一億七三〇〇万点に上り（二〇二二年五月時点の同館ウェブサイトによる）、世界最大規模の収蔵資料を誇る。議会図書館はもともと一八〇〇年に設立されたが、同館は当初から国立図書館として発足したわけではなかった。一九世紀半ばの著作権法改正によって出版物の議会図書館への納本義務が定められ、国内出版物の網羅的な収集が可能になったことにより、国立図書館としての地位を確立していったのである（藤野幸雄『アメリカ議会図書館』）。

現在の日本では、一九四八（昭和二三）年に設立された国立国会図書館（ＮＤＬ）が、帝国図書館および帝国議会の衆議院・貴族院図書室の機能・蔵書を継承した唯一の国立図書館として業務を行っている。ＮＤＬの蔵書数は二〇二一年末の時点で、四六二一万七五三〇点（図書、雑誌、新聞のほか、録音資料・映像資料、電子出版物などを含む）である。

納本制度

各国の国立図書館の発展には、出版物を一定部数国立の図書館に納入する納本制度の整備が不可欠だった。

納本制度は、フランスのフランソワ一世が一五三七年に発したモンペリエの勅令で、出版物の一冊を王室図書館に納めるよう定めたのが最初だと言われている。一五世紀半ばにグーテンベルクが活版印刷術を実用化して以後、ヨーロッパ全土での出版物の点数は増加し、一七世紀には年間三〇〇〇点を超える本が刊行されていたという（国立国会図書館電子展示「インキュナブラ―西洋印刷術の黎明―」）。イギリスでも一六六二年の法令で出版者に納本義務が課された。こうした納本制度の拡充の背景には、たんに文化財や学術の振興というだけでなく、国内で出版されたものの内容を検閲し、反体制的な言論を取り締まるねらいもあった。

江戸時代の日本にも出版物の検閲はあったが、日本の納本制度は一般に一八六九（明治二）年の出版条例で定まったとされている。出版条例では、新たな出版物が刊行された際は学校（後に文部省）に出版物五部を納めることと定められた。その後、納本制度は何度かの変遷を経ている。一八七五年九月の出版条例で納本先が文部省から内務省に変更となり、納本部数は二部とする体制が定まった。八七年の出版条例改正では発行の一〇日前までに三部納本することとなった。九三年制定の出版法以降は、内務省に発行三日前までに二部納本するという仕組みが固まった。

新聞・雑誌などの定期刊行物は、一八七五年の新聞紙条例以後、発行と同時に内務省その他の官庁への納本が定められ、一九〇九年の新聞紙法で、発行毎《ごと》に内務省に二部、地方官庁・裁判所・検事局等への一部ずつの納本が定められていった。この体制は一九四五年の戦争終結まで続いた。

内務省に納本された図書二部のうち一部は、帝国図書館およびその前身の図書館に「交付」された。これらをとくに内務省交付本または内交本といい、蔵書の表題紙に内務省から交付されたことを示す「内交」の日付印が捺されている。

帝国図書館は直接的な納本図書館ではなかった。すべての出版物が内務省に納められ、そこから一部が帝国図書館に交付されていれば、日本の出版物のすべては帝国図書館に集まるはずである。しかし実際にはかなりの漏れがある。検閲の結果、発売禁止となった本は図書館に交付されなかったし、それ以外にも所蔵がない本が複数ある。なぜそのようなことが起きたかも、以下の章で検討していく。

なお、現行の日本の納本制度は、国立国会図書館法第二四条および第二五条により、文化財の蓄積と利用に資する目的で、新刊書籍の同館への納本が義務づけられているが、日本国憲法第二一条が明確に検閲を禁止しているとおり、そこには検閲の目的は含まれていない。

次章以降では、近代日本の国立図書館のあゆみを具体的に検討していきたい。

コラム1　帝国図書館史研究のあゆみ

帝国図書館の歴史については、一九五三（昭和二八）年に刊行された『上野図書館八十年略史』が基本文献で、それ以外に『帝国図書館報』『帝国図書館年報』などが統計資料を載せる。また、未公刊だが「帝国図書館沿革史案」と題する謄写版二〇頁程の冊子がある。これは、一九四二年頃、岡田《おかだ》温《ならう》司書官が館の七〇年史執筆のため作成したものらしいが、本格的な通史刊行は戦争のため実現しなかった。そのほか、帝国図書館の蔵書を受け継いだ国立国会図書館の館史において、帝国図書館の歴史が論じられている。国立国会図書館リサーチ・ナビのコンテンツ「国立国会図書館の歴史を調べる」は、『国立国会図書館三十年史』などの基本的な図書を紹介している。

『上野図書館八十年略史』は、国立国会図書館支部上野図書館の職員だった藤井貞文《ふじいさだふみ》（のちに國學院大學名誉教授）が上野の図書館に残っていた文書類を利用して執筆したものである。ただ、短期間で執筆されたため、いくつか事実関係の誤りもあるとされる（西村正守「股火鉢と「上野略史」」）。以後も国立国会図書館職員により帝国図書館の歴史は紡がれてきた。なかでも重要なのは西村正守《にしむらまさもり》による一連の研究である。藤井や西村が用いた上野図書館の文書類は現在、永田町の国立国会図書館東京本館に引き継がれ、その一部が「帝国図書館文書」として二〇二〇年にデジタルコレクションで公開された。

職員以外で帝国図書館の歴史を研究した人物に竹林熊彦《たけばやしくまひこ》がいる。竹林は、同志社で教鞭をとり、大正末から昭和にかけて九州帝国大学や京都帝国大学で司書官を務めた図書館史研究の開拓者である。彼は田中稲城の遺族から関係資料を譲り受けて初期帝国図書館の理想を探求し、それによって同時代の帝国図書館の現状を鋭く批判した（第六章参照）。彼が収集した資料は同志社大学に残され、二〇一〇年代になって大部分がデジタル公開されるに至った。

国立国会図書館の司書であった稲村徹元《いなむらてつげん》はかつて「部分的に知られているその蔵書史、何人かの先輩によりまとめられている目録編纂史をも含めて、帝国（国立）図書館史を本格的にまとめることが、これからの図書館人いや当館に課せられた責務」（稲村徹元「戦前期における参考事務のあゆみと帝国図書館」）だと述べた。実際、今日では多くの国立国会図書館職員の研究成果のおかげで帝国図書館の歴史を知ることができるようになっている。本書もこれら先学の成果に多くを学んでいることはいうまでもない。

第一章　多難なる船出

1　書籍館誕生

政府による図書館の設置

一八七二（明治五）年六月三日（旧暦四月二八日）、文部省博物局に書籍館が設置された。制度上は、この書籍館が帝国図書館の源流であるが、明治初年代における書籍館の位置づけは混迷を極めており、かなり複雑な様相を呈している。所管に関しても学校教育を補完するため文部省が所管するか、あるいは博物館とともに殖産興業政策に活かすべく太政官の所管とするかで激しい争いが繰り広げられた。

この書籍館は明治維新後、官の作った図書館の嚆矢《こうし》であるが、実はそれ以前にも、図書館設立の計画があった。一八六九（明治二）年、小石川の開成学校添地となった元陸軍所に博物館と「ビブリヨテーキ」を作るという新聞記事がある（『中外新聞』四号）。記事の後段では、「ビブリヨテーキ」は「書房」「書庫」ともいい、書物を蓄えるだけでなく、古今の書籍を所蔵し自由に借りて読むことを許す施設だという補足説明がなされている。

開成学校は、旧幕府の洋書調査・翻訳機関である蕃書調所《ばんしょしらべしょ》に起源を持つ官立の研究教育機関である。一八六八年の江戸開城ならびに上野戦争の後、維新政府は旧幕府の教育機関（昌平坂学問所・医学所・開成所）を接収し、これらを昌平学校・医学校・開成学校として復興させた。さらに六九年、昌平学校は大学校と改められ、人材育成と行政事務を統括する機関になった。大学校はさらに大学と改称され、これに附属する開成学校は大学南校、医学校は大学東校に改称された。

なぜ開成学校の添地に「ビブリヨテーキ」設置を検討したのか。詳細は不明だが、おそらく六九年段階では、出版物の納本や発行許可の事務を昌平学校が担当する構想が存在していたことと関係している。六月二二日（旧暦五月一三日）の出版条例では、昌平・開成両校中に出版取調局を設けて、同局が新刊の出願を許可することが定められていたからだ（日本書籍出版協会『日本出版百年史年表』）。これはいわば、学術研究の事務を一元化し、最高学府に出版検閲と図書館業務まで担当させようという構想である。ただ「ビブリヨテーキ」については実現しないまま、沙汰やみになった。大学自体、教授内容をめぐって内部で国学者と漢学者の対立が激化して機能不全に陥り、一八七〇年八月に閉鎖、翌年には廃止されてしまう

（大久保利謙『日本の大学』）。図書館をどのように作っていくかについての国の明確なビジョンは、いまだ存在しなかったといえる。

文部省設立と市川清流の建白

一八七一年の廃藩置県により、中央集権の基盤を確立した政府は、欧米の最新学校制度の導入のため、九月二日（旧暦七月一八日）、大学に代えて文部省を設置した。

その後、文部省内に博物局（博物館事務を担当する部局）が置かれると、それまで大学南校物産局が集めていた収集品は同局に引き継がれた。次いで一八七二年四月一七日（旧暦三月一〇日）から湯島聖堂の大成殿において文部省博物局の博覧会が開催された。これは翌年に開かれるウィーン万国博覧会のために収集された展示品を披露する意味もあった。尾張藩から献納された名古屋城の金鯱《きんしゃち》が好評を呼び、参加者は一五万人にも上ったという。東京国立博物館はこの博覧会開催の三月一〇日を創立の日としている（『東京国立博物館百年史』）。

そのようななか、一八七二年の『新聞雑誌』第四五号附録に文部省一一等出仕市川清流《いちかわせいりゅう》の「書籍院設立についての建議」なる一文が掲載された。『新聞雑誌』は木戸孝允《きどたかよし》が後援し、教育政策など木戸の意に沿う意見書を転載していたメディアであった（佐々木隆『メディアと権力』）。市川は若くして国学を学び、主君の松平康直《まつだいらやすなお》が文久元年の遣欧使節団の副使に決定すると、松平家の従者として、使節団に随行し渡欧した経験を持つ。この遣欧使節団には福澤諭吉も加わっていたが、福澤はとくに市川のことは書き残していない。市川が書いた『尾蠅欧行漫録《びようおうこうまんろく》』は幕末の西洋見聞記録として高い価値を有するが、市川はとくにロンドンの大英博物館図書室に深い印象を受けたようだ。維新後の市川は大学に出仕し、文部省設置後は翻訳に従事していた（後藤純郎「市川清流の生涯」）。

市川は「書籍院設立についての建議」のなかで、府県に学校が設置され、博覧会が開かれた今、「人材化育」の目的を推進するために「書籍院」が必要だと述べる。書籍院は市街から少し離れた「高爽の地」にあるのが望ましく、そこで書籍を人々に自由に閲覧させ、「博く考古徴今の資に供し、或は著述編輯の便に充べし」というのである。市川の建議は、旧幕府の蔵書管理にも及んだ。旧幕府の紅葉山文庫では、貴重な典籍を人に見せず、ただ紙魚を肥やすだけになっている。これらの書籍も書籍院において閲覧を許可すれば、貴重な書籍を無駄にすることなく人材を育て、国益を増すことができると市川は主張したのであった。

旧暦四月二九日付の『東京日日新聞』も市川清流の建議が出されたことを報じ、勉学の志を持ちながら貧しくて書籍を読む機会がない者、旧事来歴を調べようにも手がかりがなく困惑する者たちに対して、書籍を提供する機関の設置は、「実に衆庶をして文明の期に至らしむ良法と云うべきなり」と期待をにじませた。

文部省博物局書籍館の設立

市川の建議が『新聞雑誌』に掲載されたのとほぼ時を同じくして、一八七二年四月、文部省の博物局から書籍館設立の伺が、布告文案・利用規則を添えて提出された。

この伺は、書籍院の設置場所に関する要望や、紅葉山文庫の活用、さらに「人材培養」の目的など、市川の建白書を踏まえて提出されたものと考えてよい。この申請は六月三日（旧暦四月二八日）に文部卿の決裁を得、その後旧大学および旧大学南校の蔵書を博物局の所蔵とすることが決まった。また、旧大学の講堂を書籍館の仮庁舎とすることとなった。

こうして開館の準備を進め、旧暦六月には「普《あまね》く衆人の此処に来て望む所の書を看読するを差許す」として、東京湯島に書籍館を開設する趣旨を布告した。

右の布告に添えられた「書籍館書冊借覧規則」によれば、書籍館は身分を問わず誰でも利用できるとされた（もっとも、半裸など服装が見苦しい者などの利用は禁じられた）。開館時間は、祭日・節句を除く毎日朝八時から夕方四時までで、書籍の館外への持ち出しや、外からの持ち込みは禁止された。利用は有料であった。

図書は甲乙の二種類に区分され、甲部は「世に稀なる品並《ならび》に高等学者の参考」に供するものとされ、乙部は「初学並に普通の用」に供するものとされた。館内は禁煙で、ほかに館内の「高声雑談」や読書中の「発声誦読」も禁止された。しばしば指摘されるように、明治時代は漢文素読の伝統から音読による読書の慣行が存在していた。しかし図書館はそれと切り離され、「黙読」を強いる空間だったから、図書館利用者はしだいに孤独で内面的な読書を促されるようになっていった（永嶺重敏『〈読書国民〉の誕生』）。

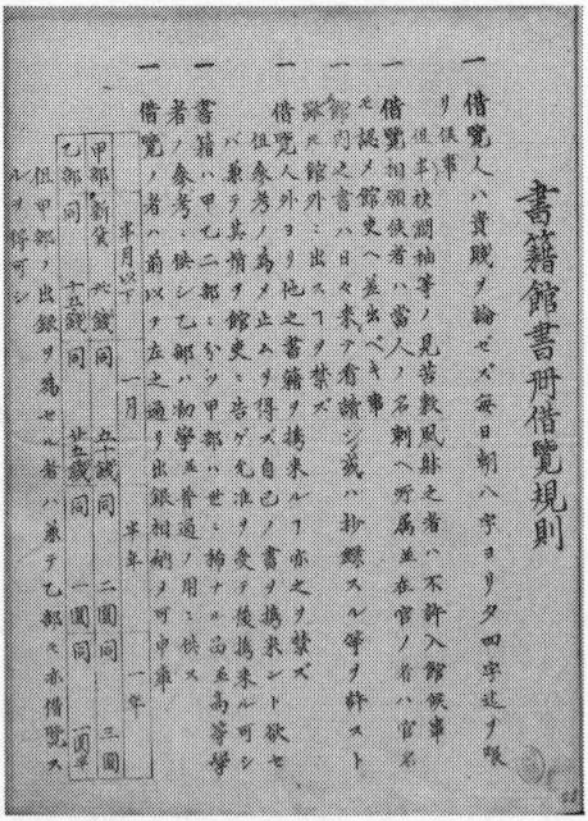
書籍館書冊借覧規則

書籍館書冊借覧規則　国立国会図書館デジタルコレクションより

書籍館の事務は、文部大丞《たいじょう》の町田《まちだ》久成《ひさなり》（一八三八〜一八九七）が博物館と兼務の上で統括し、その下に文部権中録の星野寿平《ほしのじゅへい》、同一一等出仕市川清流、同一二等出仕尾里政道、同水野清方が任命された。開館は、九月三日（旧暦八月一日）だった（『略史』）。また翌日、博物局は諸省に対し書籍館の蔵書を貸し出す旨を布告した（ただし一八七三年五月の皇居炎上で太政官に貸出中だった書籍が焼失したので、七四年二月には諸官庁への貸出は禁止された）。建白書を提出した市川は書籍館開館とともに同館勤務となったが、三年後の一八七五年には、福地《ふくち》源一郎《げんいちろう》の誘いで官を辞して日報社に入り、『東京日日新聞』の校正を担当したという。

2　博覧会事務局との合併・分離

博覧会事務局との合併

書籍館は開館から一年経たない一八七三（明治六）年三月一九日に、博物館、博物局、小石川薬園とともに太政官博覧会事務局に合併されることになった。ここから、文部省と太政官の間での書籍館をめぐる葛藤がはじまる。

博覧会事務局は、一八七三年開催のウィーン万国博覧会参加の準備のため、太政官の正院に設けられた部署である。ここには各省庁から職員が出向して集まり、万博出品のための計画を練っていた。文部省からは町田久成と田中芳男《たなかよしお》が出向し、展示と物品の選択の中心的役割を担うこととなった。博覧会事務局は内山下町《うちやましたちょう》（現在の千代田区内幸町一丁目、帝国ホテルのあたり）に置かれ、合併によって博物館などの事務所は湯島から内山下町に移転されたが、書籍館は建物も事務もそのまま湯島に留め置かれた。

ウィーン万博は、明治政府が公式に参加・出品した初めての博覧会であり、政府内部でも国を挙げて新たな日本の姿を世界に示す絶好の機会として捉えられた。博物館と書籍館の事務を統括していた文部大丞の町田久成は、どちらかといえば博物館行政に熱心だった。幕末期に薩摩藩留学生としてロンドンに渡り、維新後、外務官僚から文部省に転じた彼は、いつか日本に大英博物館のような博物館を建てることを熱望していたという（関秀夫『博物館の誕生』）。町田は将来的に博物館と書籍館を一体化して上野に移転する構想をもっていた。彼としてはウィーン万博参加の準備に、文部省の施設を活用することに特段の問題は感じていなかったと思われる。

田中不二麿の分離要求

ところが、この合併措置に猛然と反対した人物がいた。岩倉使節団に随行して欧米の教育制度を視察し、帰朝後に文部省三等出仕となった田中不二麿《たなかふじまろ》（一八四五〜一九〇九）である。田中は、尾張藩出身で、教育の専門家というわけではなかったが、維新後に大学に採用されて以後、教育畑を歩んだ。田中は岩倉使節団への参加を通じて木戸孝允と親交を結んだが、木戸日記中で「余の同志」と言われていることから、木戸から厚く信任されていたことがわかる。一八七三年一一月に文部少輔に、七四年九月には文部大輔に任じられた。彼の在職中、文部省では長く卿が不在だったので、実質的に田中が最高責任者の位置にいた。

田中は、学校教育のために設置した書籍館が博覧会事務局と一体になっているのは、いかに万国博覧会のためとはいえ不都合だと考えた。

一八七二年頃に田中不二麿が著した「教育上改革手順之大略」という意見書で「文部省の目的は学校のみを興張するに非《あ》らず」と述べており（『田中不二麿関係文書』）、明治維新後の人材育成のために、学校だけでなくそれ以外の機関も一体として発展させていくべきだという教育構想を持っていた。

そこで七三年五月八日、田中は正院に対し、博覧会事務局に合併されている博物館と書籍館について、両施設は「生徒教育」の需要にこたえるために文部省として必要なので、合併を取りやめてほしいと申請した。書籍館の蔵書は博覧会の事務には不要なはずだから、合併取り消し後、もし必要なものがあれば適宜博覧会事務局に回すようにしたいとも述べた。しかし、太政官は回答を保留した。

そこで田中は同月五月二二日、再度建言書を出し、これまで収集した蔵書は博覧会事務局に残してもよいので、とにかく合併を取り消してもらいたいと伺い出た。この伺は博覧会事務局に回付され、六月二日、博覧会事務局から反対の回答があった。太政官における博物館の存在は既に周知のところとなっており、各地からも献納品が届き始めている。動植物のほか、古器旧物から新たな発明品までを網羅し、実際に触れて

田中不二麿　『子爵田中不二麿伝』より

人々の知識を開くことこそが博物館の目的である。今後のこともあるから、書籍館と博物館を太政官博覧会事務局に置くことは不可欠である。また、文部省側の主張によれば、書籍館の蔵書が教育に必要というが、実際には和漢書の大半は古書類で今では陳腐になっており、内容も高尚にすぎる。洋書も多くは蘭書であって英書ではないので、今の学生の需要には適さない。よって、書籍館の図書がそこまで教育に必要とは思われず、このまま博覧会事務局の所管とするのが適当である、というものだった。まさに全面対決である。

博覧会か図書館か

博覧会事務局と文部省の主張は平行線をたどったが、それでも田中不二麿は屈しなかった。一八七三年七月一五日に太政大臣の三条実美《さんじょうさねとみ》宛に、ウィーン万博の閉会のタイミングを見計らって一一月一〇日に左大臣の岩倉具視《いわくらともみ》に書籍館の分離を訴えた。さらに翌年一月一三日、生徒授業に差支えがあるので、至急書籍館を分離するよう、三条太政大臣に訴えた。しかし田中の訴えもむなしく、一月二八日に出された太政官からの回答は、いろいろ議論もあるので沙汰があるまで待つようにという不十分なものだった。こうしてみると、図書館は一八七三年一〇月の征韓論《せいかんろん》問題で西郷隆盛《さいごうたかもり》ら有力者が下野した後、動揺する政府が持て余して処理しきれないまま先送りされた案件にも見えてしまう。

書籍館の独立を希望する田中にとって追い風となったのは、一八七四年一月二五日に、懇意の木戸孝允が文部卿に就任したことである。文部省は二月一四日、木戸の名で、再度分離の要求を申請した。そこでは、文部省の職員が太政官博覧会事務局と兼任になっていることが会計事務上も不都合であるという批判も加えられていた。二月一四日は、佐賀の乱鎮圧のため、大久保利通《おおくぼとしみち》内務卿が東京を離れ、木戸文部卿の内務卿兼任が発令された日でもあった。博覧会と書籍館の分離という問題の背景に、薩摩対長州という政治構造、殖産興業対人材育成という政策構想の対立を読み込む見解もある（中林隆明「東京書籍館成立と田中不二麿」）。実際これ以後、太政官は態度を軟化させ、書籍・物品を博覧会事務局に残して、書籍館の名を文部省に戻すという方針を受け入れていく。

四月一三日、木戸の主張を容れて、太政官と文部省の兼務状態となっていた書籍館の職員の身分が文部省から正院出仕に変更された。その後、木戸は台湾出兵に抗議してこの直後の四月一八日に参議を辞職してしまうが、書籍館等の分離は進められていくこととなり、一八七五年二月九日にいよいよ博覧会事務局からの書籍館の分離が実現し、文部省において東京書籍館が設けられることとなったのである。

浅草文庫のこと

ところで、博覧会事務局からの書籍館の分離交渉の過程で、もう一つの事態が進行していた。書籍館の場所移転である。一八七四年七月、湯島書籍館の施設が地方官会議の会場に当てられることとなった。このため、書籍館は代替の地として浅草の八番堀米倉を割り振られ、ここに移転することになった。書籍館では七月二二日から浅草への書籍、物品の移送を開始し、二九日に完了している。三〇日には仮事務所を設け、八月に浅草文庫と改称し、書籍借覧の業務を再開した。三条実美の筆により「浅草文庫」の蔵書印や鬼瓦が作成されており、東京国立博物館に現存している。さらに浅草文庫では書庫二棟と書籍借覧場、事務所を兼ねた一棟の新築工事に着手することとなった。

一八七四年七月の浅草文庫の職員は、文部省書籍館以来の職員である星野寿平を総括として、書籍館時代からのスタッフを引き継ぎ、さらに移転を機に増員したので、御用掛、門衛など合わせて総勢一四人になったという（樋口秀雄『浅草文庫誌』）。翌七五年二月に博覧会事務局からの文部省書籍館の分離が決定した後も、浅草文庫の組織と蔵書は存続していた。七五年三月に正院博覧会事務局が廃止され、新たに内務省の所管となった後、浅草文庫の職員は従前の等級のまま内務省に出仕することとなった。前年から建築中の浅草文庫建物は七五年五月に竣工し、五月一九日から業務を開始した。ここに、文部省の東京書籍館と、内務省の浅草文庫という二つの官立図書館が並立することになったのである。

浅草文庫のその後にも触れておこう。『浅草文庫誌』によれば、同館の蔵書は和漢洋を合わせて一四万冊あったとされ、閲覧者数は一八七五年度が三一八二人、同七六年度が三八一五人、七七年度は四九三八人、七八年度は六八四四人と推移し、七九年度には八〇五六人に増加している（同上書）。

浅草文庫は一八八一年五月、上野の博物館に書籍を移すため閉鎖し、八二年九月から上野の博物館書籍室で再び公開されることとなった。旧幕府時代からの書籍を含んだ蔵書は、博物館の内務省から農商務省への所管換などの過程で分散して継承されるに至り、現在は内閣文庫、東京国立博物館、宮内庁書陵部などで保管されている（樋口前掲書および後藤純郎「官立浅草文庫の成立と変遷」（一）（二））。

3　東京書籍館

東京書籍館の出発

田中不二麿の度重なる申請の甲斐《かい》もあって、一八七五（明治八）年二月九日、書籍館、博物館、小石川薬園などは博覧会事務局から分離され、文部省の所管に戻された。ただし、従来の書籍館・博物館両館の収集にかかる物品と蔵書はすべて博覧会事務局に残すという条件であった。七二年の書籍館開設時のスタッフも、博覧会事務局を経て内務省浅草文庫のほうに移っていったので、このとき文部省が取り戻したのはいわば「書籍館」の名義だけであった。当事者によって「館事更に創始」（「東京書籍館事蹟沿革略報」『年報』）とされたように、文部省に戻ってきた書籍館は人も資料も、事実上ゼロからの出発だったのである。

　文部省はただちに辻新次《つじしんじ》を博物館書籍館御用係に任命した。二月二八日、辻は、湯島大成殿に書籍館を開館することを文部大輔田中不二麿に上申、三月二日に文部省は書籍館と博物館の両館創設を太政官に上申した（地方官会議の会場となるはずだった建物は、会議が延期となったため文部省に返還されていた）。こうして三月一三日、書籍館は湯島聖堂の大成殿を仮館として事務を開始した。蔵書は、文部省から洋書を中心に教育関係の図書約一万冊が交付された。この翌日、文部省九等出仕の永井《ながい》久一郎《きゅういちろう》（一八五二〜一九一三）が両館掛に任じられた。また、一五日、辻が退任し、中督学の畠山義成《はたけやまよしなり》（一八四二〜一八七六）が両館館長を兼務することになった。また、永井は八月に書籍館長補となり博物館と兼務したが、九月には書籍館専任となった。

　遡って四月六日、畠山館長は田中文部大輔に、館の名称について伺いを立てている。内務

湯島聖堂大成殿　『聖堂略志』修訂版より

省の博物館や浅草文庫があるので、文部省の所管する博物館・書籍館は、このままの名称では何かと不都合である。海外では「ブリチシュ博物館」（大英博物館）とか「ハーバルド大学書籍館」（ハーバード大学図書館）のように地名や人名を冠する施設もあるので、ひとまず文部省博物館・文部省書籍館と称してはどうかというのであった。結果、四月八日、それぞれ東京書籍館・東京博物館と改称することが決まった（『略史』）。東京博物館のほうは、書籍館と同様にはじめ聖堂に創設されたが、一八七六年三月、上野に移転することとなり、両館の職員、備品は分離されることになった。

東京書籍館は、文部大輔の田中不二麿、畠山館長、永井館長補、さらに文部省のお雇い外国人である学監ダビッド・モルレーの連携のもとで活動を開始していく。当時のスタッフは館長、館長補のほか書記七名、雇三名の総勢一二名で、閲覧の規則を整備して五月一七日に開館した（後藤純郎「東京書籍館の創立」）。ゼロからのスタートであったから、分離決定から開館までに三ヵ月近くかかったわけである。開館の段階で田中と畠山は三〇代、一八五二（嘉永五）年生まれの永井に至っては数えで二四歳の若さだった。館長の畠山は病気がちであったため、書籍館の実務の大半は永井久一郎が取り仕切った。永井は名古屋藩の貢進生《こうしんせい》として大学南校に入り、一八七一年から七三年まで米国に留学していた期待のエリートであるとともに、禾原《かげん》と号し漢詩を得意とした。作家・永井荷風《ながいかふう》の父である（秋庭太郎『考証永井荷風』上）。このほか東京書籍館では、東京博物館と兼務で夏目漱石《なつめそうせき》の岳父・中根重一《なかねしげかず》など外国語に堪能な人物が次々採用されているが、これは洋書の整理のためと推測される（西村正守「東京書籍館の人々」）。

資料収集と納本制度

東京書籍館の当初の蔵書は文部省から交付された一万冊であったが、一八七五年五月には、宮内省の厚意によって京都の東山御文庫《ひがしやまごぶんこ》から三〇〇〇余冊が交付され、そのほかに外交官の鮫島尚信《さめしまなおのぶ》や文部省のお雇い外国人モルレーなど、内外の有志からの寄贈本が集められた。一八七五年九月二八日に、永井久一郎から文部省の学務課長辻新次宛に提出された「東京書籍館事蹟沿革略報」によれば、この時点での蔵書は和漢書三八六八部（一三八五七冊）、洋書六二九六冊と報告されている（『年報』）。

国内で出版された出版物の納本事務は、当時文部省が担当していたので、文部省が所管する東京書籍館が納本図書を受け入れることは自然であった。ところが、開館間もない一八七五年六月二八日、讒謗律《ざんぼうりつ》・新聞紙条例の制定に際してそれまで文部省の担当であった出版関係の事務が内務省に移管された。このため、七月一〇日、東京書籍館は文部省に上申して、納本の一部を東京書籍館に送付するよう求めた。交渉の結果、検閲済の納本資料は、内務省から東京書籍館に交付される体制となった（『略史』）。また文部省は、直轄学校に対し、各校で編纂した図書は東京書籍館に必ず納本するよう命じた。これらによって、東京書籍館側では、国内で刊行される新刊の和図書を収集していく手立てが確保された。

このほかに、不足する和漢の蔵書を補うために着目されたのが、旧藩の藩校で集められ、廃藩置県後に府県に引き継がれた和漢の書籍だった。一八七五年から七六年にかけて、文部省から旧藩に図書の提出を求め、そのなかから東京書籍館に適宜交付して蔵書の構築を図った（西村正守・佐野力「東京書籍館における旧藩蔵書の収集」）。

洋書に関しても収集の努力が重ねられた。蔵書中、政治・法律関係の図書は比較的そろっていたが、自然科学系の図書が不足していたことから、永井は、「元来、本館御設立之旨趣は、内外人民の縦覧、且《かつ》諸学科之参考に供する儀に付《つき》、諸子百家之説に至る迄、備わらざるなき様致度候《よういたしたくそうろう》」として科学技術関係の洋書購入費用を文部省に上申していた（『略史』）。洋書の選書・購入には、文部省から海外に派遣された留学生に委託されていた。たとえば、

東京書籍館蔵書票　『三十年史』より

米国に留学中の目《め》賀《が》田《た》種《たね》太《た》郎《ろう》に対しては、書籍購入のため一八七六年四月には金五〇〇〇円が交付された（西村正守「予算面よりみた東京書籍館」）。当時収集された洋書には、永井が発案したといわれる蔵書票が貼付されている。そこには「明治五年文部省創立」のほかに“THE PEN MIGHTIER THAN THE SWORD”（ペンは剣よりも強し）との文字が印刷されており、若き永井ら館員が書籍館にかけた意気込みが伝わってくるようである（『三十年史』）。

目録と利用

図書館には蔵書の内容を配列した目録が不可欠である。東京書籍館では一八七六年に『東京書籍館書目　和書之部漢書之部』ならびに『東京書籍館書目　内国新刊和漢書之部』の目録を刊行した。印刷された内国新刊和漢書之部の目録は、主題別に六つの部門に分けた上で、書名冒頭の一字の画数順で排列されていたため、慣れない利用者には検索が不便だったろうとも推察される。

東京図書館規則では、第一条で「本館設立の趣旨は所有の書籍を内外人の求覧に供すべきを以《もっ》て此《この》規則に照準するときは何人にても登館して適意の書籍を展閲するを得せしむ」と定められた。東京書籍館の特色としてよく挙げられるのが、同館が無料閲覧の制度を採ったことである。五月一二日付の『日新真事誌』は「〇本月十七日より湯島書籍館に於て和漢洋の書籍及各種の諸新聞を中外人民の望に任せて縦見を許さる、此挙《このきょ》貧書生の幸福政府の人民を愛するの厚き諸人此恩旨を体し智識を開暢すべきなり」と報じた。開館から半年ほど経ての記事だが、一一月二〇日付の『読売新聞』でも「〇東京書籍館（元聖堂）にて和漢の本五万冊と洋書八千冊其他新聞雑報類迄も無代で見せて下されます」として、利用規則を紙上に掲載していた。

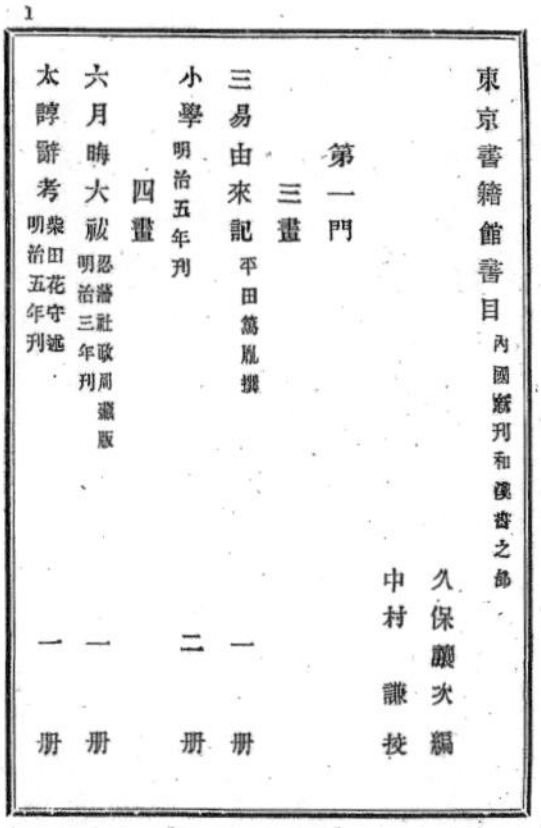
1
東京書籍館書目 内國新刊和漢書之部
久保讓次 編
中村謙 校
第一門
三畫
三易由來記 平田篤胤撰 一冊
小學 明治五年刊 二冊
四畫
六月晦大祓 恩蕃社歌周灑版 明治三年刊 一冊
太諄辭考 柴田花守述 明治五年刊 一冊

『東京書籍館書目　内国新刊和漢書之部』　国立国会図書館デジタルコレクションより

　東京書籍館で資料を利用する場合は目録を参照し、必要事項を請求票に書いて係に提出することになっていた。ところが、一八七六年三月、一部の外国人利用者が直接書架を探って資料を閲覧しているので、日本人の利用者からクレームが出る前に明確に禁止すべきだとの議論が東京書籍館内で起こった。これに対し、別の職員からは、この問題は目録が完備しておらず、当館規則の理解不足が原因なので、全面禁止ではなく必要な場合職員立ち合いの下で入庫を認めてはどうかとの意見が出された。永井館長補も後者に同意し、日本語と英語で大成殿の入口に、官吏の許諾が無ければ入ることを禁止する旨を掲示するよう指示した（西村前掲「東京書籍館の人々」、小林花子「明治初期上野図書館における目録編纂史稿」（上））。管理とサービスのバランスについて考えさせられる挿話である。

東京書籍館では、当初大成殿の正殿中央を閲覧場とし、書函《しょかん》（書物を入れる箱）を東西に配置し、利用者は杏壇門《きょうだんもん》から入ることになっていた。やがて閲覧場が手狭となり、一八七五年一二月に東西の廻廊を修築して閲覧スペースに充てたとされている（『略史』）。当時の大成殿を撮影したと推定される古写真中に、椅子に腰かけ書籍を閲覧する人物が見えることから、東京書籍館ではお雇い外国人や官員など特別に許可を得た者に限り書庫内で閲覧できる方式を取っていたという指摘もあるが（書物蔵「日本初の図書館「東京書籍館」は「安全開架」だった?!」）、写真撮影日が廻廊改修前か後かで、この指摘は意味合いが変わってしまう。古写真の来歴や正確な撮影日が不明なこともあり、今後の検討を待ちたい。

東京書籍館を最大限活用した「貧書生」の一人に、自由民権運動の理論家・植木枝盛《うえきえもり》がいた。高知から上京し、明六社《めいろくしゃ》や三田演説会などにも足を運んでいた彼は、開館から数日後の一八七五年五月二六日以降、一一月下旬に体調を崩すまでの間、一八七五年分の日記から確認できるだけでも五〇日近く書籍館に通っている。六月一一日には「午後書籍館に行民間雑誌評論新説を読む」、また六月二二日には「午前九時半より午后二時半迄書籍館に於て代議政体を読む」との記述もあり、雑誌や政治理論に関する著作を読んでいたことがわかる（国立国会図書館憲政資料室所蔵「植木枝盛日記」（写））。

東京書籍館ではそのほか、官立学校の教員や官庁の吏員などに対し、文部卿の許可した者という条件付きではあるが、館外貸出を認めていた。開館当初の規則では、閲覧時間は午前九時から午後五時までと定められていたが、その後一八七六年七月からは夜間開館（午後九時まで開館）も実施していった。

植木枝盛　国立国会図書館「近代日本人の肖像」より

一八七五年の開館日は二一七日であったが、日本人男性五二四七人、同女性一〇人、外国人男性一〇七人、同女性二七人、一日平均で二四・八二人の利用があった。翌七六年には、開館日三三九日のうち日本人男性二四二三四人、同女性四三人、外国人男性一二七人、同女性六四人、一日は約平均七二人と大幅に増加している。閲覧統計で外国人を注記するのは、年報でもこの時期に限られるが、多少とも利用があったのは、

洋書が充実していたからだろう。

アメリカに紹介された東京書籍館

一八七六年の五月から一一月まで、アメリカ合衆国建国一〇〇年を記念してフィラデルフィアで万国博覧会が開催された。この博覧会で各国の教育方法について調査するため文部大輔の田中不二麿が渡米することとなり、畠山館長も随行員として四月二五日に東京を離れた。

田中や畠山が渡米した一八七六年は、今日まで続くアメリカ図書館協会の発足と図書館員大会の開催、メルヴィル・デューイによる十進分類表の発表、チャールズ・カッターによる辞書体の目録規則発表、図書館用品専門店であるライブラリー・ビューローが開店するなどアメリカの図書館史上重大な事件が相次いで起きた画期的な一年とされる（川崎良孝『図書館の歴史 アメリカ編』）。さらにこの年、合衆国教育局から『合衆国の公共図書館（Public Libraries in the United States）』と題する特別報告書が刊行された。この特別報告書はアメリカの公共図書館の歴史・現況・運営について集大成したもので、合衆国以外の図書館事情も載せている。

この報告書中に、「民衆教育に関する西洋の考え方が東洋の国々に広がっていることを鮮明に示す事例」として、なんと東京書籍館が登場するのである。記事を寄せたのは文部省の学監モルレーで、彼は"free public library"として東京書籍館を紹介した。

モルレーは報告書で、東京書籍館は日本語、中国語、ヨーロッパの言語で書かれた本によって構成されている日本初の外国図書を備えた図書館だと紹介している。東京書籍館は公共図書館（public library）であり、外国人であれ日本人であれ、閲覧を希望するすべての人に開かれている。現在は一時的に儒教の古い建物（湯島聖堂を指すと思われる）に置かれている。この建物は東京にある最も美しい建物の一つではあるが、図書館の目的には適してはいないと述べる。またモルレーは、東京書籍館の洋書の多くは内外有志からの寄贈によって収集され、その後も購入などによって外国語の書籍が増加していること、和漢書は官庁や華族からの寄贈によって獲得されていることにも言及し、蔵書数については、外国語の蔵書は六〇〇〇部、和漢の書籍は四〇〇〇部あるとした（Public Libraries in the United States）。和漢書の冊数が統計と合わないが、一八七五年九月の「東京書籍館事蹟沿革略報」では「和漢書三千八百六十八部、但し一万三千九百五十七冊」とあるので、部数をVolumeとして数えたものと思われる（『年報』）。この特別報告書は一万部ほど印刷され、アメリカの主要図書館のほか思想家のエマーソンなどの文化人にも配布されたという（川崎前掲書）。

不幸もあった。病をおして渡米した畠山義成が、視察を終えて帰国途中の太平洋上で客死してしまったのである。享年三五であった。畠山は幕末の薩摩藩英国留学生の一人として、教育行政で能力を発揮することが期待されていただけに痛恨の出来事だった。畠山の没後、彼の旧蔵洋書約九〇〇冊が、東京書籍館に寄贈された。

田中不二麿一行は、一八七七年一月に帰国すると、随員の手島精一《てじませいいち》らが中心となって『米国百年期博覧会教育調査報告』四冊を刊行した。そのなかの第三巻で「書籍館」に触れ、米国の「公共書籍館《パブリックライブラリー》」を「何人にても代料を払わずして、縦覧することを得る書籍館なり」と紹介している（三浦太郎「明治初期の文教行政における図書館理解」）。

図書館は誰のために――法律書庫の一件

この間、東京書籍館で起きたもう一つ重要な出来事として、法律書庫の設置があった。一八七六年五月九日、東京開成学校校長補の浜尾新《はまおあらた》は、東京書籍館に宛てて、法律関係の図書を開成学校に貸し出すことを申請した。このような要請には、畠山義成が東京書籍館長と開成学校長を兼務していたことも関係していた。

浜尾の要請には「聞く、此館や学術を講究する者の参観に供するを主とし、又、傍ら人民の縦覧に供するものなりと、若《も》し其然《それしか》らば、其《その》設立の本旨、固《もと》より内務省浅草文庫の単に人民一般の展観に供するものと、其趣きを異にせり」とある（『略史』）。ここに用いられている論理は、田中不二麿が博覧会事務局に分離を要求した際の「生徒教育」を図書館設置の根拠とする論理と、実は接続していた。

浜尾は続ける。開成学校の教員生徒にぜひ書籍館を利用させたいが、神田一ツ橋にある当校と湯島の書籍館は少し距離が離れている。文部卿の許可を得て借りることもできるが、返却までの起源が短く、また参照すべき量も多い。法学を学ぶ者には「律書庫《ローライブラリー》」が必要だが、本校と東京書籍館で別個に購入しているのは「不経済」である。ついては東京書籍館の「分館」を開成学校内に設け、そこに東京書籍館の法律書を移送してほしいと願い出たのである。当時、授業は英語など外国語で行われていたし、日本語の教科書もなかったので、法律学の教授には洋書が不可欠だった。生徒個人が洋書を購入するのは困難であったから、東京書籍館の蔵書に期待が寄せられたのは理解できる。

法律書庫は、一八七六年九月から翌七七年三月までの期間、東京開成学校の敷地内に存在したが、東京開成学校側と東京書籍館側の認識に重大な相違があったため、双方の間では何度も交渉が重ねられた（以下、この問題について詳細に論じた高野彰『帝国大学図書館史の研究』に依拠して論を進める）。

浜尾の申請当時、東京開成学校で法律学を学ぶ者は、専任教員一名、生徒一二名だった。このような少人数にもかかわらず浜尾が東京書籍館の図書利用をはかったのは、司法省法学校に生徒を取られないようにするための策だったとされる。

浜尾の上申を受けて、文部省はまず東京書籍館と東京開成学校でよく協議するよう促した。その後、両者は費用、備品、消耗品費、雇用する掛員などについて協議を重ね九月二二日に開館の運びとなった。

ところが、開館直前で利用規則で揉めた。法律書庫規則は、文部本省の指示もあり、東京書籍館規則第一条の但し書きとして作成が進められていた。それは次のようなものであった。

本館設立の趣旨は所有の書籍を内外人の求覧に供すべきを以て此規則に照準するときは何人にても登館し適意の書籍を展覧するを得せしむ
但し法律書庫は傍ら東京開成学校法学生徒に特殊の便益を得せしむべきを以て之を該学校地内に支設す（西村正守「刻む百年の歩み」）

開成学校は九月一九日に書籍館側に規則を照会し、それを見て直ちに「不都合」があるとして東京書籍館に協議を要請した。不都合の点は「傍《かたわら》」の文字である。浜尾の要請にあったように、東京書籍館の位置づけは、学校生徒利用が主、一般利用が従であった。ところがこの規則では一般利用が主で生徒利用は従である。そこで開成学校は「傍」の一字の削除を要請した。

しかし永井はこれを拒否した。東京開成学校の主張通りにすれば、たとえば一般の利用者が法律関係の書籍を参照したいと思って東京開成学校を訪問しても利用できなくなってしまうからである。九月二五日の回答で、永井は浜尾に「当館設置の旨趣は元来一般人民の公益を計るが為」で「法律書庫に至ても亦《また》然り」であると主張。本館の規則と別に、開成学校の教授らには利用時間や借用期間で「特殊の便益」を図っているので「傍」の削除はできないとしたのである。

一〇月下旬、浜尾は再度意見を述べてきた。一方の永井はこれ以上協議を重ねても平行線だと見切りをつけ、一一月一七日、本省に法律書庫の廃止を上申した。これを知った東京開成学校は、規則第一章の「傍」を削除して引き続き開設を望む旨を訴えた。一二月七日になって、文部省から法律書庫廃止は聞き届け難いとの回答があった。さらに「傍」の字を削除しても問題はないので、東京開成学校と協議して結果を報告するよう東京書籍館に求めた。東京開成学校側の要求が通り、東京書籍館側の主張は完全に退けられたわけである。館はしぶしぶ、一般人民のための利用とすることを省から東京開成学校に諭達してほしいと申し入れたが、これも一八七七年一月に不要と拒否された。

東京書籍館は無料制の導入や夜間開館、館外貸出の検討などすぐれたサービスを行った一方、「国立図書館」をめぐる明確なコンセプトの共有が当局者になかったという指摘がある

（後藤純郎「東京書籍館の創立」）。また、田中不二麿の役割に関しても限界が指摘される。彼は教育のため、博物館と書籍館の分離を力説し、書籍館の独立を勝ち得たが、その論理では、書籍館の学校図書館化を否定できず、運営上の危機を招いたというのである（石山洋「東京書籍館における法律書庫の開設」）。当時の館の運営にはやはり「国立図書館」とは何なのかという問いが欠如していたことは否めない。

「法律書庫」をめぐる論争は、かくして東京書籍館側の完敗に終わった。出発から五年、なおも館の基本針路を確定できないなかで模索を続ける官立の書籍館であったが、次にやってきたのはさらに巨大な問題であった。東京書籍館の廃止の危機が迫ってきていた。

コラム2　書籍館の開館日と「図書館記念日」

本文でも述べた通り、文部省博物局書籍館が開館したのは、一八七二年九月三日（旧暦明治五年八月一日）である。ところが、インターネット上などでは、四月二日を「図書館開設記念日」とし、その日をもって日本で初めての公共図書館である書籍館が始まった日だと解説しているものが少なくない（同時代の公共図書館に一八七三年開設の京都集書院があるが、この開館月も四月ではない）。さらに、開館した施設の名称を「東京書籍館」としていたり、「東京府書籍館」と呼んだりしているものもある。館の沿革で書籍館を「明治五年四月開設」としているものはあるが、これは設置認可の決裁日を指す。決裁日は四月二八日なので、いずれにせよ四月二日開館とする説明は誤っている。

一九三一年四月二日に、帝国図書館長の松本喜一《まつもときいち》が昭和天皇に図書館についての御進講を行ったことは、図書館の活動を社会にPRする上で大きなインパクトがあった。そのため、日本図書館協会は四月二日を図書館記念日に制定（第六章参照）し、講演会など図書館事業普及のための関連イベントを開催していったのである。しかし、四月二日の記念行事も、戦争が激化すると行われなくなっていき、戦後も復活することはなかった。

ところが、この忘れられた図書館記念日は、一九六〇年代の新聞のコラムで突如復活する。

マスメディアで四月二日＝図書館記念日と書かれた影響力は大きく、新聞記者向けのハンドブックにも記載されるようになった。なぜ図書館を記念するのか、根拠が曖昧なまま繰り返し紹介されることで、やがて事実に反する書籍館の一八七二年四月二日開設説が登場し、広まっていったようだ。

日本図書館協会では、一九七一年から、図書館法が公布された四月三〇日を新たな図書館記念日として制定しなおしている。それから五〇年が経過したのに、それでもなお毎年四月二日になると、公的な機関でも四月二日を図書館開設記念日とする誤った情報を配信している例が散見される。改善が必要である。

第二章　湯島から上野へ

1　東京府書籍館

東京書籍館の廃止

法律書庫の件で揺れた東京書籍館は、一八七七（明治一〇）年二月四日、突如廃止が通達された。その四日後、二月一五日付で閉鎖すべきことが改めて達せられた。

東京書籍館が閉鎖となった二月一五日は、鹿児島の西郷隆盛軍が進軍を開始した日でもあった。このため東京書籍館の廃止理由として、西南戦争による財政難が指摘されることがあるが、書籍館廃止が決定したのはもっと前であり、事実関係の上では正確ではない。東京書籍館閉鎖の直接的な原因は、和歌山、茨城や三重などでの大規模な地租改正反対一揆を受けて、政府が地租軽減を決定し、一八七七年一月四日に、地租を従来の三％から二・五％に変更したことによる（高野彰『帝国大学図書館成立の研究』）。文部省ではこのとき、督学局のほか、東京女学校、愛知英語学校、広島英語学校、長崎英語学校、新潟英語学校、宮城英語学校、愛知師範学校、広島師範学校、新潟師範学校などいくつかの直轄学校を閉鎖している。

永井久一郎　『花月』第7号より

三月八日付で田中文部大輔に提出された東京書籍館の年報には、永井久一郎館長補の悔しさがにじみ出ていた。永井は、本館はいったん閉鎖となったが、「冀《こいねがわ》くは更に其保存の方法を設為し、蒐集の書籍をして紛乱離散せざらしめ、漸次其の隆昌を慮り、多年の後、本館の本邦に於ける、蓋《けだ》し貌利典博物館《ブリチシユミユージアム》の大英国に於ける、議院書庫《コングリスライブラリー》の北米合衆国に於ける如き重要の地位を占有せしめんことを、是《これ》、生等《せいら》が日夜懐に忘るる能わず、一たび開申せんと欲する所なり」と書いた（『年報』）。漢詩を得意とした彼らしく、格調高い文章である。永井がこのとき明確な「国立図書館」を意識していたかはわからないが、いつの日か本館を大英博物館や、アメリカ議会図書館のような存在にしたいという希望は、報告を受けた文部大輔の田中不二麿の胸にも迫るものがあったろう。

一方、せっかく作った書籍館について、国で維持が難しいならばと東京府が動いた。二月一二日、東京府知事の楠本正隆《くすもとまさたか》は文部大輔田中不二麿宛に、このまま書籍館が廃絶されるのは遺憾であり、東京府で維持するので地所及び建物を譲与してほしいと願い出た。そこで一四日、文部省学務課の九鬼隆一《くきりゅういち》から楠本宛に、①将来図書を増加し規模を拡大できるか、②開館時間は変更する予定があるか、③維持費としてどの程度を見込んでいるか、④閲覧規則は従前の通りか、あるいは改正予定か、⑤将来東京府において規模縮減または廃止となる場合は文部省に返還することを約することの五点について照会が行われた。東京府からは、①現在の図書を保存して将来増加見込みである、②従前の通りである、③年額七〇〇〇円を想定している、④引き受けてからでないと見込みは立たない、⑤条件が変われば返還に承諾することが回答された（東京都公文書館所蔵『法令類纂』）。これにより東京書籍館の東京府への移管が決まった。

永井館長補はこれを聞き付け、二月一四日に田中文部大輔に宛てて、文部省から東京府へ蔵書を移管する方法は別途省内で議論があると思われるが、このまま開館を継続したとしても費用が嵩むわけではなく、残務整理担当職員で出納も対応できるので、引き続き開館したいと開館継続を願い出た。永井は伺を「小生一己の私願」ではなく、「学事に注意する人の衆願」であると結んだ。文部省も即日これを許可し、二月一五日以降も継続して開館することとなった。さらに永井は一日でも閉館すると求覧人の障害が少なくないので、開館のまま東京府へ事務を移管することを希望し、四月二日、東京府もこれを了承した。この結果、内務省納本図書の交付も東京府に引き継がれることとなった。

三月二八日、東京書籍館の蔵書・建物・地所・備品のうち、開成学校や教育博物館に引き渡すものを除いて東京府へ貸与することが決まった。開成学校内の法律書庫は開館の継続を希望していたが、三月二九日に閉鎖となり、蔵書中で開成学校が希望する図書を同校に引き渡すこととなった。また四月二日には教育博物館（同年一月、文部省の東京博物館が改称）にも、希望する教育書籍を引き渡している（『略史』）。永井久一郎は、残務整理を担当し、四月二七日付で東京女子師範学校に転出した。

東京府書籍館の時代

かくして一八七七年五月から、書籍館は東京府が所管することになり、五月四日、名称を東京府書籍館と改称した。東京府書籍館は、引き続き湯島で無料での閲覧業務を継続した。

同月に定められた「書籍館職員章程」には「抑《そもそも》此館を開設するの主旨専ら古今の書冊を網羅蒐集して之を万世に保存し衆庶の検閲を許して一世の教学を裨益《ひえき》し民智の改進を謀るに在り」（帝国図書館文書『書籍館職員章程』）とある。

ここにおいて、東京書籍館の規則には無かった「古今の書冊」を網羅的に収集し「万世に保存」するという資料保存の役割が新たに明記されたことは大きな意味を持つ。また同館の職員には、館内の事務を統括する幹事一名のほか、館員の俸給や会計事務を担当する司計、和漢書目録の編修二名、洋書編修二名、書籍出納四名、また編修官に属する者として写字一名と装工（書籍の製本事務）二名、門衛二名、出納官に属する給仕四名（「童齢の者」を充てるとされ、一〇代の少年が採用された）・小使五名（館内の清掃や展観者の履物監視等の雑事）、総計二三名からなる事務分担が定められた。

東京府書籍館は、当初、東京府の庶務課記録科の主管するところであったが、七七年一二月七日、青森県参事であった二橋元長《ふたばしもとなが》が幹事に任命された。幹事は実質的な専任館長の職である。七八年一一月には記録課から学務課の所属となって体制を整えた。二橋は元々東京府知事の楠本正隆の部下であって、その手腕を高く認められていたようである。行政畑を歩んできた二橋はもっぱら組織づくりに専念し、実務に関しては、七八年三月から書籍館雇となっていた岡千仞《おかせんじん》が担っていたとされる（『三十年史』）。

東京府書籍館は人員の入れ替わりが多く、東京書籍館から引き続き勤務した者も少なかった。わずか三年の間で延べ三〇名を超える職員が勤務したという。元尊王攘夷《そんのうじょうい》の志士のほか、会津戦争の生き残りや、漢学・国学に通じた者など、個性的な人物が多く集まったとされる（西村正守「東京府書籍館の人々」）。

　岡千仞は、一八七九年四月九日、二橋の後任として二代目の東京府書籍館幹事に就任した。このとき、岡は四〇代。二橋も三〇代だったから、西洋事情に通じた永井ら二〇代の職員が切り盛りした東京書籍館時代と、維新の激動を生き抜いてきた国学者・漢学者たちが集まって運営する東京府書籍館の雰囲気には、同じ施設であっても、自ずと違いがあったと思われる。たとえば、東京書籍館の蔵書印が年代を西暦で表記しているのに対し、東京府書籍館の蔵書印は皇紀で表していた（『三十年史』）。

　東京府書籍館の雰囲気を伝える象徴的な事例の一つが、大成殿の孔子聖像の一般公開である。一八七九年三月三日、東京府書籍館は規則を改正し、毎年定例閉館日の三月一五日と九月一五日に館内縦覧を許すこととした。この日に合わせて、東京府書籍館では多数の名士を招待した。東京府書籍館員であった国学者・高平真藤《たかひらまふじ》の『東京府書籍館記』ならびに当日参加した栗本鋤雲《くりもとじょうん》の「東京書籍館観覧の記」などにより、当時の状況をまとめると次のようになる。

　一八七九年三月一五日は、早朝より老若男女を問わず多くの人が聖堂を訪れたという。招待を受けた学者たちも一〇〇人を下らず、午後一時から開かれた祝宴には古賀謹堂《こがきんどう》、向山《むこうやま》黄村《こうそん》、川田甕江《かわだおうこう》、重野安繹《しげのやすつぐ》、南摩綱紀《なんまつなのり》、鷲津毅堂《わしづきどう》、島田重礼《ちょうれい》、木原元礼《きはらもとなり》ら著名な漢学者たちや、福地源一郎、成島柳北《なるしまりゅうほく》、依田学海《よだがっかい》らジャーナリストでもあった人物や府会議員など、多数の名士が参集した。二橋幹事は一人一人に慇懃《いんぎん》に対応した。酒肴がふるまわれ、加藤桜《かとうおう》老《ろう》による雅楽の演奏も行われた。来会者にとっては、文明開化の進む東京のなかで、旧幕時代にタイムスリップしたかのようなひとときを過ごすこととなった。

こうした企画は、一見すると図書館としての役割よりも聖堂の文化価値を重視したものに見えるが、東京府民が書籍館の設置を周知し、ともかく足を運んでどんな場所かを確認する点で一定の意義を有したものともいえる。無料開館を継続したこともあり、書籍館の年間の館内利用者数は増加していた。一八七七年で三五六七三人、七八年で二七五九四人といったん減少するが、七九年は四八一二五人となっている。

右の祝宴には清《しん》国公使館の何如璋《かじょしょう》、張斯桂《ちょうしけい》、および書記官の黄遵憲《こうじゅんけん》らも招かれて参加していた。当時、清国と日本の間では琉球処分の善後策をめぐって難しい交渉案件が山積していたが、清国の外交官はいずれも文人気質を持ち、筆談などを通じて日本の漢学者たちとも幅広い交友関係を築いていた（張偉雄『文人外交官の明治日本』）。黄遵憲は後に大部な『日本国志』を著し、明治日本の近代化の実態を清国に伝えた。同書の教育の部には文部省が

岡千仞　『三十年史』より

設置した書籍館のことも触れられている。なお時期は前後するが、一八七六年六月と一八八〇年八月に朝鮮国から外交使節団が来日した際も、一行は孔子像の拝謁を強く希望し、湯島書籍館を訪れた（宇治郷毅「明治初期における朝鮮国修信使、紳士遊覧団の東京書籍館及び東京図書館参観について」）。中国や朝鮮半島において本格的に「図書館」の理念が定着していくのは後年のことだが、その最初の契機が、一八七〇年代後半の「聖堂という空間」によってもたらされた可能性があることは、記憶にとどめておきたい。

外国人雇用問題と財政難

東京府書籍館時代のことでは、興味深い記録が東京都公文書館に残されている。図書館業務に精通したアメリカ人雇用の問題である。従来、近代日本の図書館史においてはお雇い外国人の不在が指摘され、日本の近代化のなかで、とりわけ図書館運動が立ち遅れたことの証左と見なされてきた（竹林熊彦『近世日本文庫史』）。しかし、実は図書館でもお雇い外国人を雇う可能性は存在したのである。

セントルイス公立学校図書館に勤務するフランク・E・ロースレルは、日本の図書館に勤務したいという希望を持った。彼はセントルイス市の教育長をしていたウィリアム・ハリスの推薦書を添えて田中不二麿宛に採用を依頼する手紙を出した。これを受けて文部省では学務課長の九鬼隆一が、一八八〇年一月二六日付で書類の訳文を添付し、採用の可否を東京府知事に照会している。田中不二麿は訪米時にハリスと面会してその教育思想から深い影響を受けていたとされる（橋本美保『明治初期におけるアメリカ教育情報受容の研究』）。ロースレルは、田中がハリスに送った『文部省第四年報』中の文章（田中不二麿が書いた「公共図書館の設置を論ず」と思われる）を読み、自分の経験と知識が日本の図書館に役立つと感じて日本での就職を希望したという。英語とドイツ語をよくし、年齢は二九歳で、既婚だが、採用が決まれば日本に永住する用意があることなどを書いている。すでに七年にわたって図書館業務に従事しており、仕事はある程度把握していること、ハリスが考案した図書分類表にも習熟しており、必ずや図書館業務で役に立つはずだと自身を盛んにアピールしている。しかし東京府は、二月二五日に、書籍館幹事と協議して「適当之人物」とは思うが同館の予算には限りがあるので断ったほうが良いと回答した（東京都公文書館所蔵『自明治十三年一月至同十二月　往復書類』）。なお、ロースレル雇用については、同じ一月二六日付で九鬼から東京大学法理文学部総理宛に採用可否が尋ねられ、それも不調に終わると今度は教育博物館にも同様の手紙を回付したという。いずれも採用には至らなかった（高野前掲書）。

もともと文部省の予算の逼迫《ひっぱく》から東京府へ移管された東京府書籍館だったが、東京府においても十分な予算が認められたわけではなかった。東京府書籍館の予算は、一八七八年度で金四三七〇円とされた。東京書籍館時代には年間八〇〇〇〇円弱の予算がついていたので、それと比べて大幅な減額である。さらに一八七九年の予算として東京府書籍館は七八四四円四八銭九厘を要求したが、学務課は査定の結果として、書籍館費四二八三円で予算書と説明書の作成を指示してきた。結局、前年の定額にも及ばない査定結果となった。当時の二橋幹事は、これでは「本館経済上不足を生じ候のみならず本館引受之際本府文部省と定約〔51ページ参照〕の廉に対し大いに差響を生じ候」つまり東京府が文部省から書籍館の事務を引き継いだときの約束にも悖《もと》るから、このような予算措置は今年度限りとするよう求めていた（西村正守「予算面よりみた東京府書籍館」）。また一八七九年には、利用者から府知事宛に、洋書の目録は筆記体で書いてあって読みにくいので活版印刷による目録刊行の要望が出された。館側は、「至極尤《もっとも》千万」なことで館一同が希望するところだが、予算の都合上、色々事情があって発行できないと回答している（小林花子「明治初期上野図書館における目録編纂史稿」（上））。要するに東京府書籍館には予算がなかったのだが、そこに舞い込んだロースレル雇用問題は、財政状況の悪さをはしなくも露呈させた。

一八八〇年四月三〇日、文部卿河野敏鎌《こうのとがま》から三条実美太政大臣に宛て「東京府書籍館文部省に於て引継開設之儀伺」が出され、五月四日に裁可を得、七日をもって書籍館は東京府から再び文部省の所管に戻されている。伺書に挙げられた理由は、「固より文部省に於て書籍館の欠くべからざるは勿論、愈《いよい》よ衆庶に裨益ある図書を増補するを要し候」（『公文録』明治一三年・第三七巻）というものであった。

財政難から書籍館を手放した文部省が、三年でこれを取り戻した理由ははっきりしない。東京書籍館の廃止を決めたときの文部省首脳の田中不二麿が三月に司法卿に転出し、文部少輔の九鬼隆一が文部卿代理になったからだという説明もあるが（『歩み』本篇）、右のロースレル雇用問題で改めて文部省が東京府書籍館の財政上の問題を認識したことも、少なからず関係しているのではないだろうか。

官立を抑制し公立の施設を振興するのは確かに田中不二麿の路線であったが、東京書籍館の閉鎖は主として財源の問題によるので、文部省のトップが田中から河野や九鬼に変わったというのは答えとして十分ではない。九鬼は一貫して田中を補佐してきたからである。文部省の政策がトップ交代によって転換したのではなく、もともと、官立の書籍館と博物館は必要と判断されており、財源の目処さえ立てば取り戻す予定だったと思われる。

2 東京図書館への改組

東京図書館の出発

一八八〇（明治一三）年七月一日、東京府書籍館は再び文部省の管轄となり、名称を東京図書館と改めた。当時の洋書目録によれば TOKIO DZUSYOKWAN とあり、公式には名前は「とうきょうづしょかん」を用いていたようである。同日、文部少書記官の小林小太郎《こばやしこたろう》を館長とする人事が発令され、七月三日、東京図書館職制と事務章程が定められた。一八八〇年の職員の数は、府書籍館時代と変わらず二三名で推移した（東京図書館明治一三年報）。

東京図書館は、一八九七年に帝国図書館が出来るまで一七年間名称を継続するが、その活動は三期に分けられる。一八八〇年七月から一八八五年六月まで、湯島に建物があった時代、一八八五年に図書館が湯島から上野へ移転し東京教育博物館と合併していた時代、一八八九年九月に東京図書館官制が公布され、東京教育博物館と分離して以後の三期である（『三十年史』）。

東京図書館は、一八八〇年七月八日から開館して閲覧を開始した。利用規則に関しては、七月五日に東京図書館規則を本省に申請し、同月二二日に認可された。規則はその後も改正が重ねられ、一一月三〇日に全二一章からなる東京図書館規則が定められた。同規則の第一章で「本館設立の主旨は所蔵の図書を内外人の求覧に供するにあるを以て此規則を遵守する者は何人を論ぜず登館して適意の図書を展閲するを得べし」とされ、午前八時から午後八時まで（夏季は午前七時から午後七時まで）、無料での開館が継続された。

東京図書館煉瓦造の建物　国際子ども図書館ウェブサイト「建物の歴史」より

特筆すべきは、一〇月二八日、帯出規則が定められ、館外への資料を持ち出す特許制度が定められたことである。文部省各局の公用のため、特別な事情がある者に限られていたが、利用は多かった。

紛失、汚損の際の賠償なども定められていた。東京府書籍館時代から、数件の書籍盗難があったことが報告されており、なかには偽名入館したと思しき者が英和辞書を持ち逃げしたという新聞記事もある。無料で誰でも利用できるからといって、たとえば「酔人と認むる者」は入館できなかった（第一三条）。また「館内に於ては音読雑話吸烟し或は読書場外に徘徊《はいかい》するを許さず」として、利用に関するマナーが規則上に明記された。

一八八一年に制定された内規では、館の組織を庶務掛、編輯掛、出納掛の三掛に分担し、事務を分掌した。この庶務部門、目録部門、閲覧部門の三部体制は、帝国図書館時代まで続く組織の基本体制となる（『略史』）。庶務は図書の受け渡しのほか、後述する図書の甲部・乙部の部門分けや文章処理、会計処理、建物の増築や修繕、人事管理などを担当し、編輯掛は分類と目録編纂にかかわる事務を、閲覧掛は館内閲覧に関する事務を担当した。また、宿直や非常時の対応に関する規則も定められた。

『文部省示諭事項』の「館種」論

一八八二年一二月、文部卿代理の九鬼隆一は、各府県の学務課長や学校長を招集し、各種学校について参考となる事項を訓示した。同訓示の内容は冊子にして関係者に配布された。いわゆる『文部省示諭』である。同文書の「書籍館」の部分は、専門学務局長浜尾新の指示を受け、翻訳係で書籍館関係事項を調査していた伊東平蔵《いとうへいぞう》と寺田実が起草し、高橋健三《たかはしけんぞう》課長の校訂を経て作成された。その狙いは、利用が低迷している全国の書籍館を活性化することにあったという（伊東平蔵「四十五年前の文部省図書館示諭事項」『図書館雑誌』第二一巻第一号）。

『文部省示諭』の書籍館の項目は、出版物が道徳に与える影響を問題視し、図書館の良書選択を訴えている点などから、自由民権運動に対抗し、図書館を国家統制下に置こうとする政策として批判的に評価されることが多い。これに対し、近年では、統制的要素を認めつつ、目録や書庫の整備、開館日数などについて利用者の観点に立った具体的な提言がなされていることを評価する向きもある（新藤透「明治期に於ける「選書論」の検討」）。

筆者が注目したいのは、書籍館設置の目的は一つでなく、さまざまな目的があって良いと述べている箇所である。示論では、書籍館の目的として様々な学問の図書を集めて学士や著述者の参考にすること、通俗の書籍を備えて庶民に閲覧させて「読書」の気風を「下流の人民」にも与えることや、小中学校の教育上有用な図書を集めて教員・生徒に使わせることなどを例示している。これらの施設は、今日風に言えば、それぞれ大学図書館や専門図書館、公共図書館、学校図書館に対応するが、示論は「夫《そ》れ此《かく》の如く書籍館には特殊の種類あるが故に其設施を企図するに当ては則《すなわ》ち能《よ》く土地の情況を審察し之に適応なるものを設施せざるべからざるなり」（『学事諮問会と文部省示論』）と語っている。ここで訴えられているのは、書籍館の「特殊の種類」に対応した図書館施策の樹立である。これまで、田中不二麿も含め、文部省の首脳は、学校教育を補完するために公立図書館を振興すると説明してきた。しかし、文部省の政策はこれ以降、図書館の「館種」を認めた上で、それぞれの実情と目的に応じた図書館振興策の立案を目指すようになったと考えられる。これに先立つ一八八一年一〇月、文部省は官立学務局と地方学務局を改廃して専門学務局と普通学務局を設置した。東京図書館に関する事務は、以後専門学務局の下に置かれ、参考図書館としての充実が図られていくようになった。

東京図書館の課題

東京図書館から毎年文部卿宛に報告される年報には、「将来須要の件」という項目があり、それぞれの年に図書館が抱えていた課題が読み取れる。東京図書館に改組された一八八〇(明治一三)年度分の年報(一八八一年三月)には、大きく分けて次の三つの課題が挙げられていた。

最初に挙げられたのは、目録の整備である。蔵書はすでに一〇万冊を超えていたが、目録は従来、和漢洋および新刊で分けられており、その分類も編著者ごとに異なる規則に基づいて分類されていたため、検索には甚だ不便であった。一八八一年一二月には、職員の大城戸小源太から「書目改正私議」という意見書も出されており(帝国図書館文書に現存)、館内で相当な議論を重ねたうえで、一八八二年一月に一部分類の改正が行われ、八三年四月に東京図書館和漢書分類目録が、また同六月に東京図書館和漢書仮名目録が刊行された(小林花子「明治初期上野図書館における目録編纂史稿」(下))。

第二に、資料の収集である。内務省交付本があるので、国内の新刊書の収集はできるが、それでも不足している図書はかなりあった。東京書籍館以来の収書方針は、①国内新刊出版物を納本制度によって網羅的に収集する、②わが国の歴史的文献をできるだけ収集する、③散逸のおそれのある貴重な個人文庫を収集する、④外国書は専門書を旨とし、個人で買い難いような高価で浩瀚《こうかん》なものを中心に集める、という四点に整理される。また、外国書に関しては、大正期までは英語が主で、原著が独仏伊露語のものであっても基本的に英訳が集められたという指摘がある（岡田温「旧上野図書館の収書方針とその蔵書」）。明治中期にかけて、近代学問が次第にドイツ学を中心として編成されてくる過程でも、図書館が収集する洋書の言語は英語が中心だったという点は興味深い。

第三に、施設の増築である。一八八〇年度年報には「図書閲覧場狭隘にして数多くの人員書目排列書の前に群集して輙《たやす》く書目を得る能わず空しく光陰を消費する者少なからず」とある。無料開館のため、東京図書館の利用者は毎年増加し続けていたが、一方で目録検索には時間がかかるため目録の前に行列ができてしまい、希望の図書どころか、目録にもたどり着けずに待たされる者が大勢いたのである。それゆえ、東京図書館は一八八一年二月中に図書閲覧所を二棟増築し、事務所を大成殿の西廊に移した。それでも抜本的な解決とはならず、引き続きの対策が必要であった。

東京図書館に通った人々

東京図書館はどのように利用されていたのだろうか。一八八二年の利用統計によれば、開館日数三一四日で、閲覧人が八〇八五〇人、一日平均二五七・四人の利用があったとされている（ちなみに、この年はコレラの流行により八月いっぱい休館としていた）。

一八八二、八三年のころ、湯島時代の東京図書館に足繁く通った利用者の一人に小説家の幸田露伴《こうだろはん》がいる。露伴は図書館のなかで、毎日やってくる淡島寒月《あわしまかんげつ》とも知り合いになった。淡島は江戸時代の叢書『燕石十種《えんせきじっしゅ》』の写本を借り、上から紙を当てて毎日それを引き写していたので、「燕石十種先生」というあだ名で呼んでいたという。露伴自身は中国の歴史物や文学書類を図書館で読むことで漢文の素養を身につけたようで、後年の座談会では「図書館員に取っては迷惑な小僧でしたろう、何を読むか分らん。何でも矢鱈《やたら》に読むのですから、図書館に取っては実に厄介な奴だったに違いない」と語っている（「幸田露伴氏に物を訊く座談会」『文藝春秋』第一一巻第一一号）。

同じく小説家の夏目漱石も、「子供の時聖堂の図書館へ通って、徂徠の蘐園十筆《けんえんじっぴつ》を無暗《むやみ》に写し取った」（夏目漱石『思ひ出す事など』）と、江戸時代の学者である荻生徂徠《おぎゅうそらい》の随筆を読んでいたことを回顧している。無料であったし、利用年齢の制限もまだなかったので、湯島時代の東京図書館は、小学校を出たばかりの少年たちも通いやすい場所だったのかもしれない。

小説の閲覧を禁止する

東京図書館の第一期（一八八〇年から八五年にかけて）に行われた重要な図書館改革の一つとして、小説の閲覧禁止がある。

一八八三年には、国学者の榊原芳野《さかきばらよしの》の旧蔵書が寄贈されたこと、五月に和漢書分類目録、七月には和漢書仮名目録を刊行したことなど、東京図書館では様々な動きがあった。そのなかで小説の閲覧禁止があった（竹林熊彦『近世日本文庫史』）。

一八八三年度年報では次のように書かれている。

> 従来小説中猥褻《わいせつ》の甚しきものは縦覧を禁じ只《ただ》其甚しからざるもの（太閤記八犬伝水滸伝の類）を許せり、然るに小説類借覧人の尚《なお》非常に夥《おびただ》しく且其借覧人たる過半少年生徒にして文学上の裨益を求むるに非らずして却て娯玩消間の為《た》めにするの事情あるを以て十六年以後は一切和書門小説類の縦覧を禁じたり（『年報』）。

図書館で小説の閲覧を禁ずるのは、現代人の感覚からすると不思議に思えるかもしれないが、一九世紀には、たとえばアメリカの図書館などでも、小説などのフィクションを利用者に読ませることを制限する動きが活発だった（ウェイン・ウィーガンド『生活の中の図書館』）。マーク・トウェインの小説『ハックルベリー・フィンの冒険』の内容が過激として禁書指定された話などは有名である。小説閲覧の禁止は、誰もが自由に書物を閲覧できることを強調し、公共図書館的な性格を強めていた東京図書館が、新たな方向に向けて舵を切ったことを意味していた。それは公共図書館ではなく、国立の参考図書館として、専門的な文献を集め、学芸の発展のための機能を強化していく姿である。そもそも東京図書館が、名称を従来の「書籍館」から「図書館」へと変更したこと自体、画期的なことであった。「東京図書館」の名前には、従来の free public library 路線からの転換が込められていたともいえる。

また、第二の改革として、東京図書館ではこの時期に蔵書を甲部と乙部に二分し、閲覧させる図書とさせない図書を区別する制度を確立した。一八八一年七月の東京図書館内規では「凡《およ》そ図書の種類を二種に大別し、其閲覧に供すべき者を甲種となし、唯に保存するのみのものを乙種となす」とある。この甲乙区分の作業は、庶務掛において進められ、一八八三年までに完了した。年報でも「甲部は既に陳列して縦覧を許す所のものに係り乙部は副本欠本稗史《はいし》其他写真石版学校用掛図の類にして、従来庫中に蔵し編輯未済のものなりしが本年に至り調査略了《ほぼおわ》る」と報告されている。この時点で甲部は一〇万三三五冊、乙部は三万六二六七冊とされている。この措置は翌年以降も継続され、小説類は甲部から省かれ、乙部に編入されていくことになったのである。

3 「国立図書館」構想の原型

上野への移転

大成殿を利用していた東京図書館の建物は木造だったので、図書館施設としてみると色々な欠点があった。なかでも防火設備の不足は深刻だった。一八八二（明治一五）年一二月二三日、隣接する東京師範学校で起きた火災が燃え移り、東京図書館まで及ぼうとした。このときは職員の懸命な消火活動と風向きの変化で類焼を免れたが、搬出した蔵書を元の場所に戻すため、図書館は翌年一月七日まで閉館せざるをえなかった。東京図書館は年報で新館の建設の必要を訴えたが、容易に実現しなかった。

そして一八八四年二月、大木喬任《おおきたかとう》文部卿が図書館を視察した際、図書館新築移転の必要を認めたので、八月八日、二五〇〇〇円を支出して上野の東四軒寺跡地に建設することが決まった。ところが翌一八八五年六月二日、東京図書館は上野の教育博物館と合併し、同館内に移転することとされた。また、平山太郎館長が免ぜられ、あらたに文部省御用掛の箕作《みつくり》秋坪《しゅうへい》が東京教育博物館兼東京図書館長に任ぜられた。

東京図書館では一八八五年七月一日に仮閉館して移転準備にあたり、湯島から上野への移転準備を進めた。九月一八日に移転完了、一〇月二日をもって開館した。肝心の書庫と閲覧室の増築は見送られ、教育博物館の施設を使うこととなった。教育博物館の所蔵する和漢書と洋書は図書館に移管された。

東京図書館では、この上野移転の時をもって、無料制を廃止し閲覧有料制に復帰している。理由は館内が雑踏をきわめ、真に読書をしようとする人の妨害になるからだとされた。一度の貸出冊数により利用者を尋常と特別の二種に分け、利用料は尋常が一回二銭、特別を一回五銭とし、回数券も発行された（尋常は和漢書三部一〇冊まで、特別は和漢書七部三〇冊まで借りられた）。また、夜間開館も、上野の地が利用者に不便という理由から廃止となった。サービスとして後退した感は否めない。元々博物館の閲覧室に使っていたものを図書館の閲覧席にしようというのだから無理はあった。一日に一〇〇人の利用者が訪れるとたちまち満席となり、入館を謝絶する事態が生じた。

一八八六年三月二九日には行政整理のため、両館は文部省総務局の一部門に格下げされた。館長ポストは廃止され、代わって「主幹」が置かれた。主幹の下に庶務掛、物品掛（博物館担当）、図書掛（図書館担当）が業務を分掌する体制となった。両館の職員はいったん解雇され、改めて文部省総務局に再雇用する形となり、かつ減俸減給が断行されたという（『国立科学博物館百年史』）。内閣制度の導入にともなう行財政の整理では冗官の淘汰も目的とされていたので、それに対応した措置であろう。この時代、新旧の官吏の世代交代が行われていた（中野目徹『書生と官員』）。

当初教育博物館に勤務し、のちに帝国図書館の司書官としてナンバー二の立場から館長を補佐した西村竹間《にしむらたけま》は、図書館は「文部省直轄中でも常に継子扱いにされ」「他の学校の如く寵愛せられ」なかったといい、森有礼《もりありのり》文部大臣の下でも「図書館は不幸にも其眼中になきものと見えまして大虐待を蒙りました」と語っている（西村竹間「帝国図書館に関する隠れたる歴史」『図書館雑誌』第五〇号）。

なお、上野移転後、東京図書館の閲覧スペースは、東京教育博物館の一部を間借りしている状態だったので、改善が必要であった。東京図書館は一八八五年から八六年にかけて煉瓦《れんが》造りの書庫を増築し、八六年には東京教育博物館に付設する閲覧室を増築した。それでも利用者の収容には十分でなく、一八八九年には新たに上下六四坪の二階建閲覧室を新築し、楼上を特別閲覧席、階下を尋常閲覧席とした。

手島精一と田中稲城

東京図書館と合併した教育博物館は現在の国立科学博物館の源流に当たるが、当時、場所は現在の東京藝術大学の位置にあった。教育博物館は、一八七五年に東京書籍館が博覧会事務局から分離した際、東京書籍館とともに湯島に置かれていたが、一八七七年に上野に移転していた。その後、東京美術学校が一八八九年に上野で開校することになり、教育博物館のみが湯島に移転するという経過をたどっている。

合併後の館長に任じられた箕作秋坪は、幕末期から活躍していた洋学者として著名であり、学識の深さから図書館長としての活躍が期待された。しかし、病により一八八六年三月二九日に非職となり、その年の暮れに病没した。箕作の後に東京図書館東京教育博物館両館主幹となったのが手島精一（一八五〇〜一九一八）であった。

手島の下で、東京図書館は国立図書館としての基盤を整えていくことになる。

手島は沼津藩士の子として生まれた。藩校明親館で洋学を学び、一八七〇年に米国留学。その後岩倉使節団に通訳として随行し英国を巡回して帰朝。一八七六年のフィラデルフィア万博でも田中不二麿に随行し、帰朝後『米国百年期教育報告』編纂に関わった。一八八一年からは東京教育博物館長となり、一八八六年、東京教育博物館兼東京図書館主幹になった。

手島着任後の東京図書館は「蓋し本館に於ては漸次参考図書館の規模を立て、学芸参考に供すべき者のみを蒐集せんと欲す」（『年報』）として、参考図書館としての整備を進めていくようになる。

その手島が、図書館の業務を担当させるために抜擢《ばってき》したのが田中稲城（一八五六～一九二五）だった。田中は岩国藩の出身で、開成学校を卒業後、東京大学文学部和漢文学科に学んだ。在学中は加藤高明《かとうたかあき》、都筑馨六《つづきけいろく》ら同級生と親しく交わり、一八八一（明治一四）年七月に大学を卒業した。卒業後の彼らは「十四年会」という親睦会を作り、後年まで交友が続いた（桜井良樹『加藤高明』）。大学卒業後の田中は文部省に入り、東京大学御用掛を仰せつけられ助教授まで昇進した。一八八六年一月に文部本省転属となり、同年四月から東京図書館詰兼報告課詰となって、図書館に勤務することとなった。また、一八八八年八月には、「図書館に関する学術修行」の目的で一年半の米国・英国留学に出発した。帰朝後の田中は東京図書館長、帝国図書館長として国立図書館の発展に全精力を傾けていくが、この時期に田中が形成した図書館思想が、のちの近代日本の「国立図書館」構想の原型を形作っていくのである。

手島精一　『手島精一先生伝』より

「書籍館に就ての卑見」

同志社大学の竹林文庫田中稲城関係資料に「書籍館に就ての卑見」という文書がある。従来、この文書の作成者は手島精一とする説があった（上野一「手島精一と図書館」）。細かい考証は参考文献に譲るが、筆者はこれを田中稲城が留学に出発する直前の一八八七年秋頃から一八八八年八月頃にまとめた意見書と推定している（長尾宗典「明治日本の「国立図書館」構想」）。田中は、「図書館の仕事は手島さんが大体のことはせられて、大抵の仕事はすっかり私に御委《まか》せ下さいました」（田中稲城「図書館の発達と手島先生」『工業生活』第二巻第一号）と回想している。これによれば東京図書館では手島が全体の統括をし、具体的な事務を田中が担当する関係だったと考えられる。したがって本文書は、田中が原案を作成し、手島の校閲を受けながら文章を練った東京図書館の改革プランといえるのではないだろうか。

同文書では、まず、図書館と「国家」の関係が問われる。東京図書館は「参考図書館」であり、「保存の性質」を兼ねるものだが、いまだ所蔵資料のなかに良書と呼べるものが少なく、経費も不足している。よって現在の東京図書館は「国家須要の具」としての実質を十分に備えていない。そこで改革案として次の五点が述べられる。第一に独立した組織としての官制を制定すること、第二に経費を漸次増額すること、第三に参考図書館の機能を果たすため、職員が来館者の便を図れるよう整えること、第四に閲覧室を拡充すること、第五に太政官文庫（内閣文庫）が収蔵する図書のうち、官庁参考図書でないものを東京図書館に移管して閲覧させること、である。

このうち、第五の点について、太政官文庫の図書は官庁でも十分に活用されておらず、一般の閲覧もできない状態にあるので、貴重な資源が無駄になっていることを問題視する。このプランでは、太政官文庫の図書と東京図書館の図書をあわせた上で、「帝国図書館たるの基礎を立て、本省に於て之を管理せらるべきは亦目下の急務と云うべし」と述べられている。管見の範囲ではあるが、これが「帝国図書館」構想の初出である。これらの東京図書館の官制制定・閲覧室拡張・太政官文庫の東京図書館への移管という案は、森文部大臣にも具申されたと思われる。

ところで、文書中で繰り返される「国家須要」の文字は、一八八六年三月に公布された帝国大学令を想起させる。同第一条には、「帝国大学は国家の須要に応ずる学術技芸を教授し及其蘊奥《うんおう》を攷究《こうきゅう》するを以て目的とす」と定められている。手島や田中は、森文相の国家主義教育に適合させる形で図書館の位置づけを模索したのではないか。参考図書館の強化は一八八二年の示諭以来の「館種」別の図書館振興路線を踏まえたもので、それを森文相の教育行政策に適合させようとしたときに「国立図書館」の役割が認識されることになったといえないだろうか。

八門分類の確立と明治二〇年問題

一八八三年以後「発展期」に入った東京図書館で、閲覧用の目録が刊行され始めたことは先に触れたが、蔵書の分類体系はまだ確立していなかった。一八八三年四月『東京図書館和漢書分類目録』では、和書については神書、国史、雑史、伝記附系譜、政書、記録、武家附兵法、儒書附教訓子解、医書、釈書、農書附物産土木、天文附算法卜筮、地理附紀行、和歌、和文、詩文、文墨金石、音楽遊技、字書、類書附叢書、目録、小説、雑書の分類が、漢書では経書、正史、雑史、伝記、政書、儒家、兵家、医家、釈家附道書、農家、諸子、天文附算法占緯、地理、詩賦、文章、芸術、字書、類書附叢書目録、小説、雑書という分類が使われていた。これら分類目録の書名を五十音順で検索できるように、一八八六年に『東京図書館和漢書仮名目録』が刊行されている（乙骨達夫「支部上野図書館閲覧目録の変遷及び現状の概要」）。また東京図書館では一八八五年度以後、増加書の整理についてはカード目録を採用し、三年から五年に一度、これらをまとめた印刷目録を発行するようにした（『年報』）。

東京図書館は教育博物館とともに一八八七年一一月より『東京図書館季報』を新たに発刊した。これは、目録発行後に増加した書物を周知させる手段が、館内にしかない状態を克服するためで、利用統計と合わせて一般に図書館の蔵書を知らせる目的で発行された。ここで注目されるのは、以後の帝国図書館まで連なる八門の図書分類が、この『季報』において初めてまとめて公表されたことによる。和漢書の八門分類は次のようなものであった。

第一門　神学、宗教
第二門　哲学、教育
第三門　文学、語学
第四門　歴史、伝記、地理、紀行
第五門　政治、法律、社会、経済、統計
第六門　数学、理学、医学
第七門　工学、兵事、美術、産業
第八門　類書、叢書、雑書

今日多くの図書館で採用されている日本十進分類法（NDC）は、昭和初期に開発されたもので、明治期の図書館では採用されていなかった。以後、東京図書館の目録は、若干の修正はあるが帝国図書館の時代に至るまで、分類の枠組みには一貫して八門分類が使われていくことになる。『東京図書館季報』の発行は残念ながら一八八八年三月の第二号のみ発行されただけで休刊となってしまうが、その意義は小さくない。分類法の定着という点で、一八八七年の目録編纂は同館にとって一つの画期だったといえる。

この八門分類の考案者は田中稲城だという説もあるが、はっきりしない。また、何を参照して作られた分類なのかについてもわからない。米国のウィリアム・T・ハリスの図書分類(一八七〇年発表)を参照したという説もあるが、確実な証拠はない。洋書分類から発して和漢書に適用されたという説もある(加藤宗厚『図書分類法要説』)。

右の分類成立を促した背景には、湯島から上野への移転という外在的な要因も考えられるが、同館所蔵の和漢書では、一八八七(明治二〇)年刊行のものから、洋装本の比率が和装本を上回り始めるという指摘も重要である(大沼宜規「明治期における和装・洋装本の比率調査」)。俗に和書の「明治二〇年問題」と言われる和装本から洋装本への転換が起きたこの年は、江戸時代からの知的伝統を脱し、近代的な図書館の分類へと一歩を進めていく画期ともなったのだった。

東京図書館と大日本教育会書籍館

一八八九年二月に大日本帝国憲法の発布、皇室典範の制定があり、その翌月三月二日には、東京図書館官制が制定された。東京図書館と東京教育博物館の合併は解除され、七月には、東京教育博物館は高等師範学校附属として、再び湯島聖堂に移転することとなった。また、この際に手島は主幹を離れ、三月八日に手島の後任の館長として田中の同窓・同郷である法学士・末岡精一《すえおかせいいち》が任命された。

手島主幹時代のもう一つの仕事として、大日本教育会書籍館との関係について触れておく。手島は図書館の機能を参考図書館と通俗図書館の二つに分け、東京図書館を参考図書館として積極的に位置づけようとしたが、この構想は、大日本教育会が設置した附属図書館が、通俗図書館の機能を分担することによって支えられていた。大日本教育会は、東京府下の教員組織と府県の学務課長、師範学校長などが合流して一八八三年九月に結成された半官半民の教育関係団体で、初代会長は辻新次であった。同会では、教育、学術に関する通俗図書館を設けることとし、一八八七年三月、辻会長からの寄贈書を元に神田一ッ橋の大日本教育会事務所内に書籍館を開設した。

当初の利用は多くなかったが、東京図書館を純粋な参考図書館としていくため、手島主幹時代より、教育会書籍館への通俗的な図書の貸出の検討を進めていた。そして東京図書館官制制定後の一八八九年三月二五日、東京図書館蔵書の中から実用書や通俗書を大日本教育会に一〇年間貸与する方針が決まり、さらに同会には一時金として五〇〇円が与えられることとなった。これを受け、大日本教育会は神田区柳原河岸の和泉橋に煉瓦石造の家屋一棟を借り、七月一五日、榎本武揚《えのもとたけあき》文部大臣以下の名士を招いて大日本教育会附属書籍館の開館式を挙行した（千代田区編『千代田図書館八十年史』）。

同館は夜間の閲覧を実施するとともに、利用者の年齢は制限せず、利用料もなるべく安くして通常一銭で利用できるようにした。東京図書館からは和漢書一四七六〇冊が貸与された。東京図書館と大日本教育会附属書籍館は姉妹館のような形になった。

また、東京図書館では一八八八年七月に規則を改正して、それまで制限がなかった一五歳未満の入館を停止している。理由として参考図書館の性質を保持することが挙げられるが、これも年少者は大日本教育会附属書籍館の側で受け入れるという前提があったから可能になったことであろう。貸し付けられた図書は一九〇七年までに返却された。

この教育会附属書籍館はのちに私立教育図書館、東京市立神田簡易図書館、さらに一ツ橋図書館へと変遷を重ね、千代田区立千代田図書館につながっている。教育会による図書館の設立運動も、これを機に全国へと波及し、小規模にせよ、長崎県や京都府、島根県や長野県、千葉県などで前後して教育会書籍館が設けられていった（『歩み』本篇）。

コラム3　甲部、乙部、丙部

東京図書館に入ってくる本は甲部と乙部に分けられ、続く帝国図書館の時代には、甲部、乙部、丙部の三種類に分けられるようになった。内務省から交付されてくるもののなかには、図書館での提供に適していないものもあった。甲部は、利用・保存の価値があるもの、乙部は、目下利用価値が乏しいが、一応保存しておいて、後日の価値判断にゆだねるもの、丙部は、全く利用・保存の必要がないと判断されるものである。

丙部には広告、引き札、正月用の玩具、文字の書いていない日記や帳簿などが含まれていたが、これらは一年保存の上で廃棄された。甲部と乙部の境界線は微妙だったらしいが、教科書類、通俗的な読み物、学習参考書、営利会社の業務報告、その他価値が乏しいと判断されたものが乙部に回された。昭和の初期まで、小説類もしばしば乙部に回された。受入担当者の岡田温によれば、乙部は閲覧目録に載せないとはいえ、正式にカードを取って番号を与え、図書原簿に記入してラベルも貼っていたという（岡田温「旧上野図書館の収書方針とその蔵書」）。

甲部と乙部、丙部の割合はどのくらいだったのであろうか。加藤宗厚《かとうしゅうこう》がまとめた『国立図書館の現状』（一九四八年）では、甲部が納本の六割、乙部が納本の二割、丙部が納本の二割という比率が示されている。そうだとすると軽微なものが多いとはいえ、結構な数の資料が毎年廃棄されていたことになる。

なお、乙部図書は上野図書館の外庫と呼ばれる木造の別館に置かれていたが、戦後になって新たに整理が行われた。明治期のものは請求記号に特八から特七二までの、大正期のものについては特一〇〇から特一一八までの番号が付与された。博文館から寄贈された巌谷《いわや》小波《さざなみ》の『少年日露戦史』（一九〇六年、博文館）は、請求記号が特四六―八一〇なので乙部だったことが推定される。児童向けであるために閲覧に出されなかったのかもしれない。乙部図書は利用されず書庫に眠っていたので長年使用されず、あたかもタイムカプセルのようにきれいな状態のまま保存され、戦後に残された資料もある。

第三章　帝国図書館誕生

1　田中稲城の「国立図書館」構想

田中稲城のアメリカ留学

少し遡るが、一八八八（明治二一）年八月から一年半、田中稲城はアメリカ、イギリスなど各国に図書館事情の調査のため留学した。彼が留学を通して学んだことが、日本の国立図書館の原型を形作っていく。以下では、田中稲城の「国立図書館」設立に向けた構想と行動を見ていきたい（長尾宗典「明治日本の「国立図書館」構想」に拠る）。

田中稲城　同志社大学所蔵

米国に渡った田中は、まずハーバード大学図書館でジャスティン・ウィンザー館長の指導を受けて実務に従事した後、ボストンへ転じて、目録法で有名な館長チャールズ・カッターの下で辞書体目録の作成法を学び、以後も各地の大学・公共図書館を訪れて見聞を深めた。当時ワシントンの議会図書館は本館を建設中だったが、スパッフォード館長から版権法の話を聞いたほか、ウースター図書館でレファレンス・サービスの創始者サミュエル・グリーンとも面会している。一八八九年七月からは英国に渡り、リヴァプール、大英博物館、オックスフォードその他の図書館を歴訪、同年一二月には仏独の図書館も訪れ、翌一八九〇年三月一一日に帰朝した（竹林熊彦「近代日本の図書館を築いた人々」（四））。

一八八九年に留学中の田中が本国に宛てて発した通信中には、「米国に於て図書館を必要とする理由」として、「普通教育は自由政治の柱礎」であることが挙げられている。図書館が機能しなければ、この柱礎は弱くなり、「国家に対するの重任に堪えざる」ようになってしまう。図書館は「一般人民の大学」であり、図書館長には「教導者」として、「人々の志望に従い、正当の針路を示し、適当の書籍を与え、凡そ目録編纂より書籍の選択、準備、整頓、出納等務《つとめ》て公衆の便益を図らざるべからず」という職業意識が求められてくる（「図書館に関する事項」『官報』第一八八六号）。「公衆」に対して開かれた図書館であることは、田中において「国立図書館」の重要な要件の一つだった。また当時アメリカでは図書館を「民衆の大学（People's University）」とみなす考え方があった。このような表現は一九世紀の半ばごろから用いられ、アメリカ図書館協会の機関誌 "Library Journal" にもしばしば取り上げられた（小野泰博「民衆の大学」）。一八八八年七月の記事には「公共図書館は民衆の大学と呼ばれている。あらゆる学年、あらゆる発達段階の児童生徒を受け入れるとともに、老若男女の多様な能力やニーズに応じた学科が用意されている。図書館での支援によって、一二歳で学校を離れることを余儀なくされた貧しい少年は、二五歳で多数の大卒者よりもよく教育され、知識を身につけた人物になれるかもしれない」というフレデリック・M・クランデン（セントルイス公共図書館長）の言葉が紹介されている。留学中の田中稲城が当該雑誌を読みながら図書館観を形成していた可能性は高い。図書館を一つの「学校」ないし「大学」として捉える考え方は、田中がアメリカ留学から持ち帰ったものの一つといえる（長尾宗典「岐路に立つ図書館」）。このことは、学生生徒の図書館利用に寛大な田中の態度の基本となっていく。

また、国立図書館の資料収集については、先の田中の留学中の報告に以下の記述がある。

国立図書館とは国税を以て維持する所にして議院図書館を始め行政諸部の図書館を云う。議院図書館は当初議員の参考書を備うるの必要より起りたるものにして其図書は主として法律政治に関するものなりしが、所謂《いわゆる》公文私著を蒐集保存するは政府の責任と言う主義に基き、版権条例〔著作権法のこと〕に依り出版する図書は其二部を納めしめ一部は納めて記録となし一部は公衆の閲覧に供することとなり爾来《じらい》凡そ内国の出版書は勿論、英、仏、独、墺、伊、露の有用なる図書記録を蒐集し漸次今日の盛大に至れりと云う（「図書館に関する事項」『官報』第一八八七号）。

アメリカ議会図書館が、著作権法に基づく納本制度を実施して一部を記録に、一部を公衆の閲覧に提供していることが触れられている。国立図書館が、国内出版物の納本によって支えられることへの理解とともに、「記録」すなわち文書類の保存にも視線が注がれていることも重要である。田中の報告では、アメリカ国務省の図書館が、「国初以来の記録保存に注意し独立檄文を初め華盛頓《ワシントン》芙蘭麒麟《フランクリン》等諸大統領及び諸名士の公私文書の原稿を保管」していることにも言及している。図書資料だけでなく重要な歴史文書の収集と保存にも田中の関心は向かっていた。彼の欧米留学の最大の成果は「国立図書館」の機能についての認識の深化だった。

田中館長の改革

帰朝後の田中は、一八九〇年三月一九日付で帝国大学文科大学教授となり、同三月二四日、東京図書館長兼帝国大学図書館管理に任ぜられた。田中は一八九三年九月に帝国大学文科大学の兼官を解かれ東京図書館長専任となる。

九〇年一二月、東京図書館は『東京図書館一覧』を発行し、同館の沿革や利用法、目録や所蔵資料の概要についてまとめた。沿革において、出版物の納本先が内務省に移った後も納本の一部を東京図書館が受領する制度が維持されていることを述べ、「各国一般国立図書館が享有する所の特典」だと述べた。開館時間は月により異なっていたが、朝は九時から午後五時前後までとされた（夏は六時半まで、逆に冬は午後四時閉館となった）。閲覧にあたっては、閲覧室入口で求覧券を買い、看守のところで閲覧証書と引き換え、目録室にて希望する書籍の書名および番号を記入し、出納掛に提出する流れとなっていた（『東京図書館一覧』）。

館長に就任した田中が、まず着手したのは東京図書館官制の改正であった。田中の館長着任時、東京図書館に配属されていた書記は四名だったが、一八九〇年一〇月の改正により図書館運営のためにスタッフの増員をはかった。なお、東京図書館長の待遇は官制上奏任で、官等としては中央省庁の課長クラスと同等、省庁の事務次官や局長および帝国大学総長よりも格下のポストであった。

一八九一年七月二七日、東京図書館は官制を全面改正して、館の目的を「各種の図書を蒐集保存し、及閲覧参考の用に供する」（第一条）を「内外古今の図書記録を蒐集保存し及衆庶の閲覧参考の用に供する」と改めた。また、職員について館長一名（奏任）、司書六名（判任)、書記(三名)と、図書に関する事務を所掌するポストとして「司書」を、庶務会計を掌る「書記」から分離して設定した(第二条)。日本において書籍を管理する職名としての「司書」の名称は、維新前後の佐賀藩などで見られたというが、近代の法令上の用語としては、東京図書館官制の官職名が最初の例である。官制改正は、本格的な「国立図書館」設立のための布石であった。

『東京図書館に関する意見要略』

ただし前途は多難であった。東京図書館の経費は年間一万円で推移してきたが、一八八九年に八〇〇〇円に減額され、九一年度予算では六三〇〇円に減額された。憲法発布により開会されたばかりの帝国議会において、民党側の「民力休養」「政費節減」要求のあおりを食ったものであろう。これに驚いた田中は一八九一年一月、「東京図書館経費節減に関する意見要略」を起草、印刷して関係者に配布するとともに(竹林熊彦「田中稲城著作集」(二))、さらに同年七月、『東京図書館に関する意見要略』と題する小冊子を印刷発行し、新聞社等各方面に配布した。

同冊子では、各国では必ず「国立図書館」の設置があるとしたうえで、「東京図書館は日本国立図書館なり」と主張する。そのうえで、東京図書館の目的を「(一)日本帝国古今の図書記録を蒐集し兼て広く外国有用の図書をも蒐集し、（二）該図書記録を整頓陳列し日本国民の学術技芸の研究に資し、（三）該図書記録は後世に保存し永く国民をして前代の文化事歴を徴するの用と為さしむるにあり」とまとめた。なぜ国立図書館が必要かという点については、次の四点が掲げられている。田中の考えの重要な部分なので紹介したい。

（一）一国の図書記録の保存は国家の責任なり
（二）国家が国内の出版図書を知認し、且つ学芸を上進せしむるに必要なり
（三）外国の智識を取て我進歩に資するに必要なり
（四）国立図書館は国民全体の一大学校にして其資力は私人の能く弁ずる所に非ず
（『東京図書館に関する意見要略』）

東京圖書館ニ關スル意見要略
各國々立圖書館ノ設アラザルナシ
歐米各國ニ於テハ圖書館ノ設甚ダ多ク其種類モ亦少カラズト雖モ一國ニ於テ必ズ一
モノヲ國立圖書館トス國立圖書館トハ古今内外ノ圖書記録ヲ蒐集
保存シ其國民ノ利用ニ便シ國税ヲ以テ之ヲ維持スルモノ即チ英國ノ英國博物館圖書
立圖書館、獨國ノ王立圖書館、米國ノ議院圖書館、白耳義及
和蘭ノ各王立圖書館ノ如キ是ナリ
東京圖書館ハ日本國立圖書館ナリ
其目的　日本帝國古今ノ圖書記録ヲ蒐集シ兼テ廣ク外國有用ノ圖書ヲモ蒐集シ(二)該
圖書記録ヲ整頓陳列シ日本國民ノ學術技藝ノ研究ニ資シ(三)該圖書記録ハ後世ニ
保存シ永ク國民ヲシテ前代ノ文化事歴ヲ徴スルノ用ト爲サシムルニアリ
東京圖書館ハ一局部ニ偏セズ
帝國大學圖書館ハ其敎員及學生ノ參考圖書ヲ藏スル所内閣文庫ハ官廳ノ記録及ヒ行
政上必要ノ圖書ヲ蒐集保存スル所又内務省書庫ハ出版條例ニヨリ納本シタルモノヲ

『東京図書館ニ関スル意見要略』

右の四ヵ条は、後の「帝国図書館設立案」に至るまで、基本的な田中構想の基調として継承されていった。田中の意見

書は八月以後、『東京日日新聞』や『読売新聞』などの各新聞などに一括して掲載紹介され、広く図書館の設備上の問題を認識させるに至った。

一八九一年一一月、東京図書館の西村竹間は『東京図書館に関し新聞紙雑誌等に散見せる記事論説節略』を編集した。この本は、一八九〇年から九一年にかけて、つまり田中の意見要略発表と前後して新聞雑誌に登場した東京図書館に関する記事を集めて印刷したものである。その中に『出版月評』第三三号(一八九〇年六月)掲載の東西南北人「東京図書館に望む所あり」がある。同記事では、館内の取り締まりを厳しくすること、書籍出納口と閲覧席との間に仕切りを設けること、図書目録を印刷・販売すること、尋常一〇回巻を販売すること、東京府下の大新聞はみな網羅して縦覧させるようにすること、新刊図書を迅速に館内に備え付けること、夜間開館または午前の開館時間を早めること、館外への図書帯出期間を短くすること、書庫の入庫を自由にすること、三〇巻以上ある本には細目を作ること、目録の簡単な解題を作成すること、曝書期間でも閲覧を認めること、広告を盛んにすること、神社仏閣や名家が秘蔵する図書を謄写し蔵書を拡充することなど多岐にわたる提言がなされている。

面白いのは『出版月評』第三五号の「東京図書館に望む所ありと題す論説を読む」で、この記事内容に関する図書館員からの応答が紹介されていることである。誰が答えたかは不明だが、目録については人員と予算の都合から思うようにいかない事情が垣間見える。また、大新聞は各社からの寄贈に頼っていること、全ての新聞を縦覧させるのに十分な閲覧室を確保できないこと、新刊図書も内務省への納本から交付まで「十数日」はかかり、すぐには閲覧できないという内情が語られている。

明治二〇年代を代表する思想家の一人、政教社の三宅雪嶺《みやけせつれい》は、一八九一年の著書『真善美日本人』のなかで、帝国大学図書館の図書購入費一万二〇〇〇円に対して、東京図書館の購入費が二〇〇〇円にとどまることを嘆き、「何の費用を節減するも、東京図書館には少くも歳に三万円以上の購買費を給せざるべからず」(『真善美日本人』)と論じた。三宅雪嶺の主張は「国粋主義」の思想とされ、保守的、反動的な思想と捉える向きもあるが、それは誤りである。『真善美日本人』は当時の日本を世界文明の後進国と認めたうえで、先進国の欧米を安易に模倣するのではなく、自国固有の特質を発展させることを主張するものだった(中野目徹『三宅雪嶺』)。鹿鳴館外交に象徴される表面的な「欧化」を批判し、在野の立場から日本人自らの主体的な学芸の発展を目指す三宅と、大学に通えない者の補習機関として図書館での学びを肯定し、図書館の機能の十全な展開を国家の発展に結びつける田中稲城の図書館思想の間に実は共通の基盤があったともいえる。

東京図書館の利用者たち

上野移転後は、東京図書館に通った人々の回想がだいぶ増え、当時の様子がうかがえる。一五歳以下の利用を禁止したとはいえ、利用者には学生や生徒が多かった。また、マナーにはかなり厳しい図書館であった。一八八八年五月二五日、小野梓《あずさ》の『東洋遺稿』を閲覧中の一五歳の少年が「条約改正論」を読みながら感極まって書中の「悲憤慷慨」の文字に圏点を付したところを係員に見咎められ、同月二九日付で三ヵ月の当館禁止処分とされた（閲覧室入口に処分を受けたものの氏名を貼り出すことになっていた）。当人は深く反省し、嘆願書を提出した。自分は第一高等学校受験準備中のものであるが、家が貧しいので、必要な本はこの図書館で借りて勉強するしかない。三ヵ月の当館禁止では九月の入試に間に合わないのでどうか禁を解いていただきたいと訴えたのである。その結果、情状酌量の上禁止期間は一ヵ月半短縮された。教育的配慮のようであるが、なんとその当人は後の法学者の美濃部達吉《みのべたつきち》だったという（石黒宗吉「上野図書館」）。

小説家の田山花袋《たやまかたい》も不忍池と東照宮の脇を通って東京図書館に足を運んだ。彼は二階の特別閲覧室を用い、近松、西鶴を読んだ。また、雑誌『国民之友』に発表された徳冨蘆花《とくとみろか》の外国文学の紹介記事を手掛かりとして、ロシア文学の作家たちの名前を知り、トルストイ『戦争と平和』については日参して英訳本を読みふけったという（「半分位しかわからなかったけれど」と自嘲気味に回想しているが、田山花袋は他にも英語の文献を読んでいたようだ）。彼は「大きな硝子窓、白いカアテン、外にざわざわ動いて見える新緑、キラキラする日影、その窓際で、私は終日長く本を読んだり空想に耽ったりした。閲覧者は大勢居るけれども、少しでも声を立てると、しっと言われるので、室内は水を打ったように静かで、監視のおりおり静かに通って行くスリッパの音がきこえるばかりであった」と当時の印象を印している（『東京の三十年』）。

また、この時期の東京図書館を利用した人物のなかに小説家の樋口一葉《ひぐちいちよう》がいた。一葉が残した日記によれば、彼女は二〇歳の一八九一年六月から一八九三年一一月までに三一回図書館を訪れている。最初は一人では行きづらかったらしく、友人を誘って出かけていた。九一年八月八日には、多くの男子の中に混ざって書名を書き、番号を調べて出納員に提出したところ、間違いがあるので書き直してくるよう指示されたので、顔が火照り体が震えるような気持になったと書いている。顔を見られ囁かれたりしたらと動揺したのである（高橋和子「樋口一葉と上野図書館」）。まだ女性利用者の数が少なく、好奇の目で見られることもあり、決して居心地の良い場所ではなかったようだ。なお、一葉が借りた本には

樋口一葉　国立国会図書館「近代日本人の肖像」より

かれている。

『吾妻鏡《あづまかがみ》』や『太平記』『今昔物語』など歴史や古典文学作品が多かったことも、日記に書

日本文庫協会設置

田中稲城は留学中、アメリカの図書館協会において、図書館員が相互に連帯し、業務の改善に向けて提案と討論を行う様子を実見した。そこで日本でも図書館員相互の連絡組織が必要と考えるに至った。そこで一八九二年三月一日、田中の発議で準備会が開かれた。このときは東京図書館のほか、内閣記録局、宮内省図書寮、帝国大学図書館、陸軍文庫、海軍中央文庫、横須賀および佐世保の鎮守府の文庫、貴族院・衆議院の図書室職員、および第一高等学校の文庫からの参加があった。

同年三月二六日、第一回目の会合が神田の玉川堂で開かれ、日本文庫協会が正式に発足した。会の名称について、田中らは日本図書館協会を主張したが、参加者には日本の伝統的な「文庫」を推す声もあり、協議の結果日本文庫協会という名称になった。

日本文庫協会は発足当初、参加資格を東京在京の者に限っていたため、地方在住の図書館員の参加はなかった。その代わり内閣記録局や陸海軍の文庫の職員など、官庁の図書館に勤務する職員が多く参加した。同年九月には、議題として和漢書目録の編纂規則が協議されて

おり、かなり実務的な問題を扱う専門的な会合だったようである（『歩み』本編）。

同じ一八九二年一一月には、田中稲城の推薦の序文を載せた西村竹間の『図書館管理法』が金港堂から出版された。同書は閲覧室および書庫の要件、図書の選択購入、目録編纂法、図書の排列法、出納順序、曝書実施手順などについて解説したものである。本書刊行の目的も日本文庫協会設立と同様、今後増えていく図書館業務に関する知識を共有するという発想によるものだろう。

日本文庫協会は当初年三回の例会を開いていた。日清戦争の最中は、参加者が減ったため一時的に休会となったが、一八九六年一〇月以降、例会は維持され、田中も熱心に会で報告をした。当初はまだ少人数の集まりだったので、会員のなかから持ち回りで幹事を決め、幹事が会場の確保などの会務の一切を取り仕切っていた。

一九〇〇年からは会長制を取ることとなり、初代会長に田中稲城が選任された。任期は三年で再任は不可とされた。この間、協会の機関誌を発行しようという議論が起こり、東京帝国大学図書館長の和田万吉《わだまんきち》らが熱心に会誌発行を主張したが、会長の田中自身が消極的であり、会の機関誌発行はその後に持ち越されることとなった。購読者として想定される全国の図書館の数がまだ少なく、採算が取れないことが理由だった。

なお、一九〇〇年には関西地域でも関西文庫協会の発足があり、機関誌『東壁』を発行した。こちらは図書館員だけでなく、幸田成友《こうだしげとも》ら歴史学者や文学者など図書館の専門職員外からの参加が多くあり、東京の日本文庫協会とは異なった活動を展開していった。

2　帝国図書館の設立に向けて

「読書社会」の到来

明治二〇年代は、雑誌の発達もあり、全国的に新たな活字コミュニケーションが生まれた時代とされる。森有礼文部大臣による諸学校令の整備によって、徐々にではあるが中等教育へと進むものも増え、読み書きのできる能力を持つものが社会に増えてきた。『出版月評』のように出版物を批評するメディアが登場してきたこともその証左といえる。そこには、新聞紙条例や出版条例などの法令が整い始めたことも関係していた。

このようなか「読書社会」の登場を指摘する声が上がってくる。一八九一（明治二四）年に創刊された『早稲田文学』掲載の「読書社会」と題する論説では、文学作品の読者は学者や批評家だけでなく、「最も広き意味にて謂《い》う読者」として、官吏、商人、若旦那、芸者、娼妓、車夫、小僧、小間使いなどまでが含まれるようになったとする。そして批評活動や文芸活動に関連する学校、雑誌などのリストを掲げている。そのなかには、文科大学や高等中学校、哲学館などの学校や、雑誌、新聞、講義録に加え、共同文庫として東京図書館、帝国大学図書館、教育図書館や東京市内の貸本屋の名前が列挙されていて、一八九一年当時の読書環境を示す興味深いものとなっている（長尾宗典『〈憧憬〉の明治精神史』）。

さらに一八九〇年代前後を通じて、東海道線の新橋・神戸間、さらに上野・青森間、上野・直江津間などのように全国的な鉄道網の整備が進められたことにより、新聞や雑誌が全国規模で流通し始める出版流通の変革が起こってきた。日清戦争の報道による新聞・雑誌の発行部数の増大は、この傾向を後押しした。すなわち明治二〇年代には、日清戦争を最終的な梃子として中央のメディアが地方にリアルタイムで続々と流入し、「読書国民」が誕生する下地を作っていったのである（永嶺重敏『〈読書国民〉の誕生』）。このような「読書国民」の誕生と、帝国図書館の誕生が軌を一にしていることは重要であろう。

東京図書館の資料収集

ここで、近代日本の出版法制と、東京図書館における資料収集の実際を整理しておく。のちの帝国図書館の時代になっても、東京図書館の資料収集の枠組みは基本的には継承されていく。

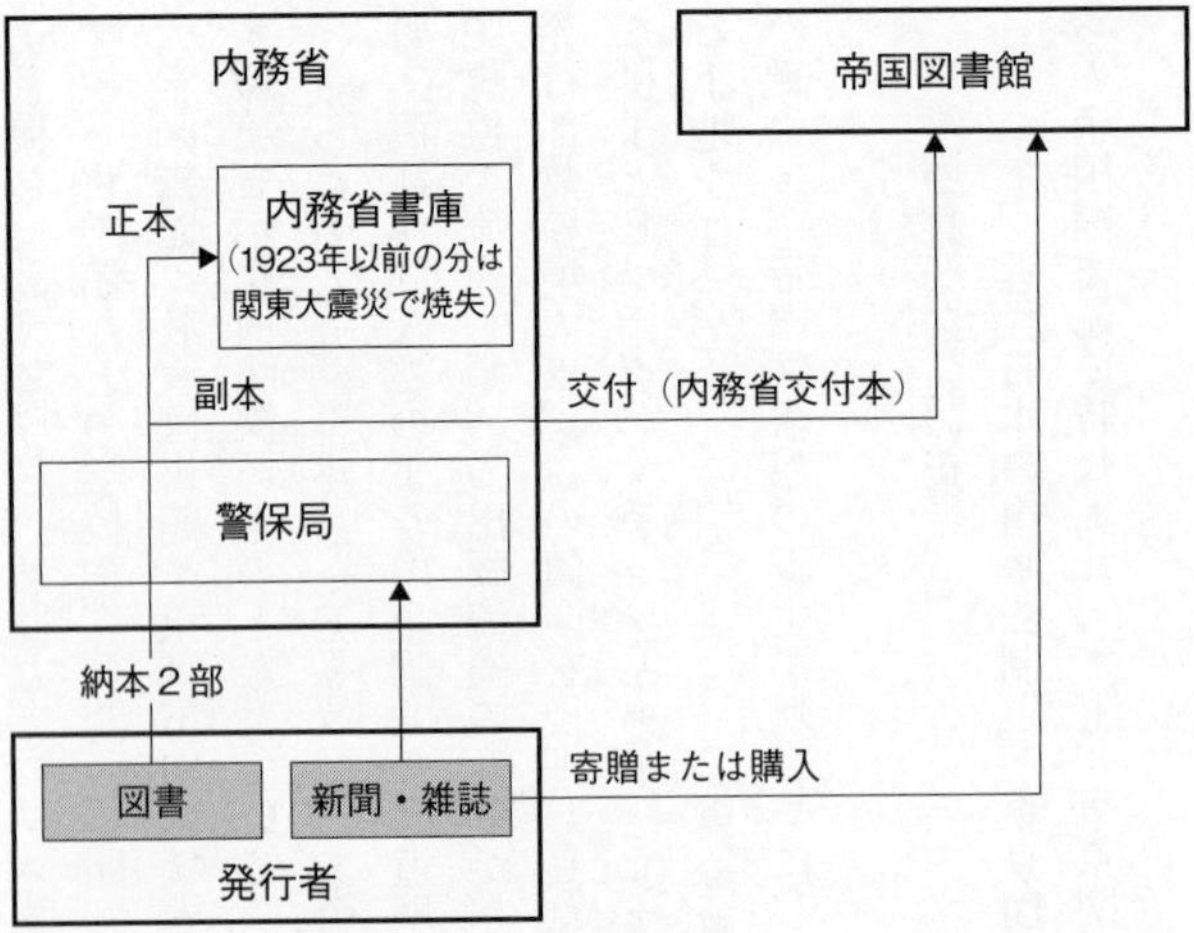

近代日本における出版法制下の出版物の流れ

一八九三年の出版法第三条で、「文書図画を出版するときは発行の日より到達すべき日数を除き三日前に製本二部を添え内務省に届出べし」と定められた。雑誌や新聞などの定期刊行物は新聞紙条例（一九〇九年以後は新聞紙法）に基づいて内務省に納本された。警保局に納本された書籍は検閲を経て、問題なしと判断された場合、納本された二部のうちの一部は内務省内の書庫に保管され、残りの一部が東京図書館・帝国図書館に交付された。

ただし、内務省側には、文部省側に仕方なく一部交付しているという意識が強くあった。大正時代、内務省のある係官は「二部宛《ずつ》送付して来る書籍は此の如く一部は図書課で永久に保有し他の一部は上野の帝国図書館に分与して遣《や》ることになっているが然し稀れには二部とも必要なる場合もあるから其麼《そんな》折には図書館には分たぬことになっている」と言い放っていた（内務省図書課員談「納本せし書物の始末」『読書之友』第二巻第四号）。つまり内務省に納本されたものの、そのまま内務省に留め置かれ、帝国図書館に交付されない書籍が一定数存在したわけである。では、納本された出版物のうち何割が図書館に公布されたのだろうか。

この問題については複数の先行研究があるが、それらの成果を総合すると、実際の納本から東京図書館・帝国図書館に交付された資料の割合は、全出版物の三割から七割の間で推移していたと思われる（陶山国見「蔵書構成の実態調査およびその評価計画について」、牧野正久「年報『大日本帝国内務省統計報告』中の出版統計の解析」（上）（下））。当然、時期によって偏りがあったろうし、何年に何割程度が内務省から交付されていたのかを明示することは難しい。なお内務省書庫が一九二三年の関東大震災で全焼してしまったため、帝国図書館に入らなかった分の図書は永遠に失われてしまったのである。

一方、東京図書館の側でも書庫狭隘を理由に内交本のうち軽便なものを永久保存の必要なしと判断して廃棄していた事実がある。一八九一年に東京図書館は「児童の玩弄《がんろう》に供する絵本類」は、主要なものを残して他を廃棄することを決定している（大滝則忠、土屋恵司「帝国図書館文書にみる戦前期出版警察法制の一側面」、拙稿「帝国図書館文書の検討」）。参考図書館に子供の読む絵本は何冊も要らないということらしい。

さらに、帝国図書館設立後だが、一八九八年六月、内務省交付本のうち「別括物」とされる一部資料の交付を打ち切ることが内務省側から申し渡された。理由は、内務省が出版後しばらく経ってから発行禁止とした書物を、帝国図書館側が保管場所の都合ですでに廃棄していて、返却要請に応じられなかったからである。内務省側からすると、文部省と東京図書館が欲しいというから交付しているのに、警察事務のために必要な資料を勝手に廃棄し返却に応じられないとは何事かとの思いだったのだろう。「別括物」とは、事務上、内務省側に置いておくことが好都合と考えていた資料群で、大量の雑誌が含まれていた（大滝則忠・土屋恵司前掲論文）。この結果、一八九八年以降の帝国図書館の雑誌収集率は著しく低下し、多くの雑誌は寄贈または購入でカバーするしかなくなっていったのである。

その他の蔵書についても見ておく。東京図書館では、一八九四年一一月、江戸時代に朝鮮との外交を担当していた対馬《つしま》藩宗《そう》家の記録文書を外務省から引き継いだ（対馬宗家倭館関係資料として二〇〇七年に重要文化財に指定されている）。また同じく一八九四年一一月には、徳川時代の研究者の閲覧に供するため、東京府に依頼して徳川幕府の記録類の委託を受けている。この旧幕府書類は、日露戦後の一九〇五年に東京府から帝国図書館へ永久に寄託されることとなり、現在も旧幕府引継書類として保存されている。このようにして国内における貴重な典籍の収集が行われていったことも、東京図書館が「国立図書館」としての機能を備え始めた一つの証左といえよう。

外山正一の演説

帝国図書館の設立に向けた議論が本格化するのは日清戦争後の一八九六年のことである。この間、田中稲城は有識者や議員に積極的に働きかけをしていた。第九帝国議会において、二月一〇日、貴族院議員の重野安繹・外山正一《とやままさかず》が発議し、侯爵二条基弘ほか六九名の賛同を経て、「明治昭代の今日軍事に教育に漸次其緒に就き益々其拡張を謀るの際に於て特《ひと》り帝国図書館の設けなきは実に国家の一大欠点と謂うべし」という「帝国図書館を設立するの建議」が提出された（『官報号外　貴族院議事速記録』第一九号）。

二月一三日には外山正一がその提案理由を説明した。国立図書館が何故必要であるのかについて、外山らしい観点から説明した堂々たる演説であった。以下少し詳しく紹介する。

外山は、一八九六（明治二九）年の今日になって、帝国図書館の建議をするのは遺憾で、もはや一刻の猶予もないような重要事であるとする。なぜなら、国の歴史を保存し、それによって知識を授けることが国家の生存に必要だからである。

海外の国には広大な図書館があり、それぞれが潤沢な経費を持っているが、我が国の東京図書館の経費は他国と比べて実に貧弱である。また、現在は日本において必要で大切な書物

外山正一　小川一真『東京帝国大学』より

が散逸する危機に瀕している。貴重な歴史文献が、海外のコレクターに買われてしまうのを防ぐため帝国図書館で収集することが必要だ。また、学問の発展する今日、西洋で出版される書物をなるべく揃えて、研究者に提供するのも重要である。大学図書館は教員と学生のためのものだから一般の利用には適さない。今日は競争の世の中である。競争は商売や軍事だけでなく、知識の競争もある。よって、外国に劣らぬよう図書館の設備を設けることが大切であると外山はいう。

さらに、外山は地方における図書館の現状に不満を述べる。いかに高い研究心を持っている人でも、今は調べ物をする手段がない。そして彼は、帝国大学の卒業生が「地方へ行けば年一年に馬鹿になって仕舞う」といって、地方での学校教員への就職を忌避している傾向を指摘する。文科大学の卒業生の主たる進路は地方中学校の教員だったから、外山の元に届いた声はなかなか切実だったのだろう（長尾宗典「法科と文科」）。たとえば一八九六年七月に帝国大学文科大学を卒業して仙台の第二高等学校教授に赴任した高山樗牛《たかやまちょぎゅう》も、翌九七年にはすぐに退職して上京し、博文館に職を得ていた。かくして外山は、東京の中心に盛んなる図書館を建てるとともに、地方においても図書館を立て、双方が連携することで、知識の競争における基礎が固められると論じたのである。
当日は議員の出席数が定数に達しなかったため、審議は翌日に持ち越された。討論では、途中、田中芳男が「博物館」の文字も追加するよう提案する一幕があったが、最終的には原案のまま議決された。また、三月二五日には衆議院でも鈴木充美《みつよし》ほか三名によって「帝国図書館設立の建議案」が提出され、即日議決された。鈴木充美は東京大学における田中稲城の同級生であった。こうして両院において帝国図書館成立の建議が通過したのであった。

『帝国図書館設立案』

貴衆両院の建議に関連し、田中稲城が作成した活版印刷の冊子『帝国図書館設立案』がある。この冊子は国立公文書館の『公文雑纂』の中に第九議会に提出された建議の添付文書として綴じられているので、一八九六年初めの作成と推定される。
同文書は『東京図書館に関する意見要略』を基礎としつつ次の構成からなる。目次を抜粋する。

帝国図書館とは何ぞや
帝国図書館の必要

帝国図書館の設立は方今の急務なり
東京図書館は本邦の帝国図書館なり
東京図書館の効用
図書館拡張の必要　附外国図書館との比較
図書館新築の必要
新築の設計
結論

冒頭、欧米各国にはどの国にも国立図書館の設置があるとし、国立図書館を定義する。国立図書館とは、古今内外の図書記録を蒐集・保存し、国民が使用できるようにし、国税をもって維持する図書館である。前段では『意見要略』以来の四項目にわたる田中の主張が敷衍《ふえん》される。一国の図書記録を保存し、国内の出版図書を把握し、外国の知識をも集め、国民全体の一大学校として、個人の資力では集めることのできない文献を提供する非営利の事業として国立図書館の設置が必要であることが繰り返し説かれていく。

さらに東京図書館の貸出冊数が年々増加して、一〇年前と比較しても隔世の感があるほど出版の様相は様変わりしている。それは、学者、著訳家、新聞雑誌記者に対して東京図書館が資料を提供し、我が国の文運を高めたからにほかならない。一八九四、九五年の日清戦争の際にも、地理、財政、政治、戦事等に関して公私にわたって参考となる材料を東京図書館が提供し、戦争の終結にあたっても若干の図書を官庁に貸し出して貢献した点が強調される。

同文書において、田中はさらに欧州の図書館と日本の図書館の経費、各国予算において国立図書館に占める予算の割合を表にして示した。さらに各国の人口と国立図書館の蔵書数の比較表も作成し、日本が最低水準にあることも指摘する。米国留学した田中が比較対象にアメリカを書いていない理由は不明だが、当時議会図書館が新館建設中であったことと関係しているのであろう。

同文書の後段においては、「閲覧室は甚だ狭隘」「書庫も亦狭隘」であること、火災の対策の観点からは「危険も亦少からず」また「来館者の不便少からず」という状態であることが述べられる。そして東京府下中央の地に移転して新たに堅牢な建築を起工し、それを帝国図書館とすべきだとが提案されている。

具体的な「新築の設計」として帝国図書館の平面図が添付されている。これは帝国図書館の新築の建物設計について、最初期に発表されたものである。構想では中庭を二つ配置、表通りに面した部分を地下一階、地上二階建てとし、最上階を大閲覧室に、一階部分を講義室や事務室とし、さらに地下は物置などにするとされた。一回中央部の講義室は約八〇坪とし

欧州各国の国立図書館経費

国名	各国帝国図書館の経費（円）	各国の歳出（円）	歳出百円につき支出する図書館費（円）
イギリス	362,560	797,038,226	0.0455
フランス	266,112	1,206,015,091	0.022
イタリア	222,137	642,502,621	0.0346
プロイセン	194,663	827,044,745	0.0235
バイエルン	77,625	147,753,571	0.0525
ロシア	67,792	629,897,748	0.0107
ベルギー	64,476	128,229,655	0.05
スウェーデン＝ノルウェー	37,987	48,520,500	0.723
デンマーク	37,000	31,076,237	0.119
オーストリア	34,357	279,375,305	0.0123
オランダ	18,750	102,295,213	0.0183
ギリシア	13,279	37,687,861	0.0355
スイス	11,160	28,308,600	0.0394
日本	8,000	150,000,000	0.0053

＊金額は全て円に換算したもの。イタリアは５個の国立図書館を合した数値

各国蔵書の多寡

国名	蔵書数	人口	百人に対する蔵書数
イタリア	3,050,153	30,724,897	9.92
フランス	2,701,972	38,281,047	7.06
イギリス	1,650,000	38,104,975	4.33
ロシア	1,106,000	77,435,023	1.26
バイエルン	1,020,000	5,330,587	5.22
プロイセン	925,000	27,187,789	3.7
デンマーク	570,000	2,185,335	26.17
オーストリア	523,600	21,969,086	2.38
ベルギー	402,000	6,165,796	6.52
スウェーデン＝ノルウェー	341,000	4,825,150	7.07
スイス	189,400	2,986,848	6.37
ギリシア	186,856	2,187,208	8.54
日本	146,000	41,800,000	0.36

＊イタリアの蔵書は５個ある図書館の合計。ロシアおよびイギリスの人口は本国のみ
＊数値の計算が合わない場合は原文に依拠した

世界の国立図書館との比較表　『帝国図書館設立案』より作成

て三〇〇人を収容できるように構想された。閲覧室以外の三面は書庫部分として三階建てにする想定で、適切な防火設備のため数区に分割することが書かれている。この構想は、のちの設計にも生かされていくこととなった（国際子ども図書館ウェブサイト「建物の歴史」）。

結論部分では帝国図書館の必要が繰り返し提起され、「此際東京図書館を拡張して帝国図書館と為し堅牢の建築を起し、図書記録を蒐集保存して公衆の便益に供するの基礎を確定するは実に目下の一大急務である」と結ばれる。

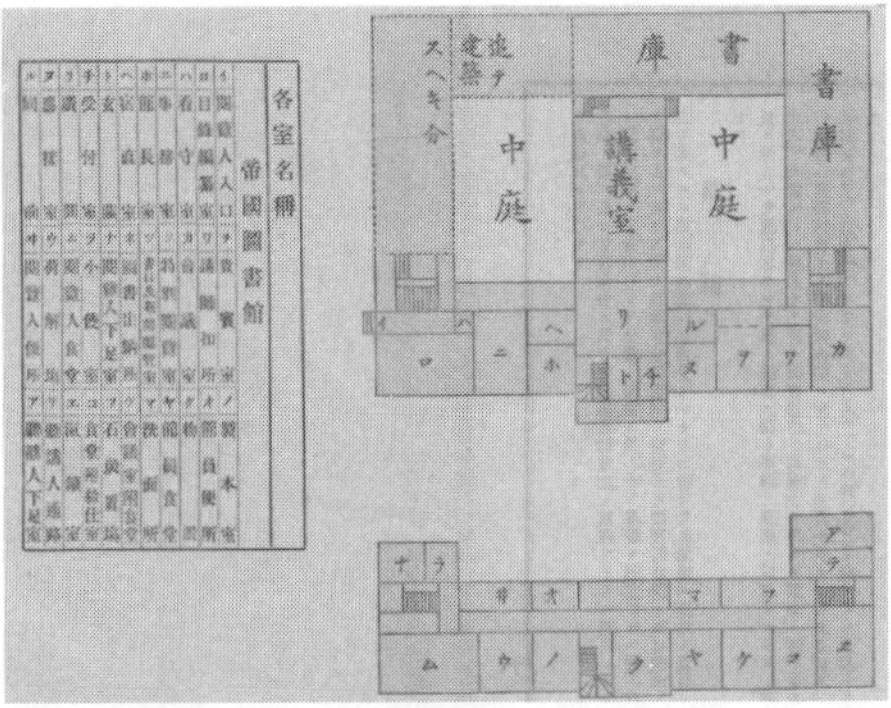

初期の帝国図書館館内配置構想　『帝国図書館設立案』より

片山潜対田中稲城

学者をはじめ、様々な立場からの図書館の利用に関する要望と、図書館界内部の論理にギャップがあるのは今日でも間々見られる光景であるが、田中稲城は、国立図書館の機能がなかなか理解されない状況に苛立っていた。とくに館種に関する議論において、国立図書館と公共図書館を混同するような議論に対しては過敏な反応を見せた。その一例として、一八九六年末に博文館の雑誌『太陽』誌上に掲載された片山潜《かたやません》の図書館論に対する批判を挙げよう。博文館は多数の雑誌を発行して発展してきた出版社であり、日清戦争の時期には各ジャンルの論説を網羅した雑誌『太陽』の成功で多数の読者を獲得していた。そのような大舞台『太陽』で図書館をめぐる意見の応酬があったことは、少なからぬインパクトがあったと思われる。

事の発端は片山潜が一八九六年一二月の『太陽』第二巻第二四号に発表した論文「図書館に付て」である。日本の労働運動の指導者となった片山は、アメリカならば貧乏でも勉強ができると聞いて渡米。皿洗いなどをしながら一〇年以上苦学し、アメリカで学位を取得し、一八九六年一月に帰国したばかりであった。同論文で片山は、無料で閲覧できる米英の図書館の事例を紹介しながら、上野の図書館には閲覧室に索引の備付が無いこと、館員が「不親切にして無責任」であることを批判し、東京図書館に「縦覧料を徴収せず自宅借覧を許す事及図書整理の方法を改良して昼夜開館する事」などの注文を付けたのである。

次号の『太陽』教育欄に「米国大図書館の新築」を掲載予定だった田中は、『太陽』編集部に片山への反論を送り、自らの論説の末尾に掲載するよう求めた。編集部注記に「既に該欄印刷の後なりし」とあることからかなり強引な依頼だったと思われる。田中は余程腹に据えかねたのだろう。田中は片山に対し、「其所論は欧米各種の図書館を混同し従て管理法の異同をも判別せずして只旅行中の所見を排列したるに過ぎざる」ものだとして、片山の意見に強い批判を加えた。さらに、上野図書館では館外貸出手続きも特別に認めている事例があること、辞書や索引は閲覧室に備付があり、閲覧者が随意に使用できるようにしていること、さらに閲覧者の求めに応じて参考業務を行っており、掲示もして利用者に案内していると一つ一つ反論していったのである。

田中の反論については、「詭弁に終始する釈明」（竹林熊彦『近世日本文庫史』）とか、公共図書館の本質を問うた片山の意見を高飛車に論難したもの（石井敦『日本近代公共図書館史の研究』）といった評価がなされている。田中も片山も、アメリカの図書館の実地を見てきた人物である。無料制の実施含め、アメリカの図書館のサービス水準と日本との比較は、田中にも耳が痛い点もあったかもしれないが、田中もまた、蔵書の面でも予算の面でも各国と比較して日本が最低水準にあることは、『帝国図書館設立案』でも説いていたことだった。では、なぜこうした対立が生まれたのだろうか。帝国図書館の設立にあたり、田中が排除したかった考え方こそ国立図書館と公立図書館との「館種」の混同であり、それは田中の「国立図書館」構想の核心に関わっていたといえる。結果的に上野図書館をアメリカの公共図書館のようにせよ、と説く片山の所説は、国立図書館の設立に全精力を傾けてきた田中にとって、やはり看過できない問題をはらんでいたのである。

3　帝国図書館の設立

帝国図書館官制の公布

一八九七（明治三〇）年四月二七日、帝国図書館官制が公布され、帝国図書館が設立された。

序章で触れたように、同官制第一条では「帝国図書館は文部大臣の管理に属し内外古今の図書を蒐集保存し及衆庶の閲覧参考の用に供する所とす」という目的が定められた。また第二条では、帝国図書館の職員として奏任の館長および司書長、判任の司書および書記が定められた。職員の待遇について、田中は諸外国の例を挙げ、国立図書館長の地位は「頗る名誉の地位」にあるとし、勅任である書記官長や各省の局長より上俸であるべきだとした。そこで、帝国図書館官制の制定にあたって、自分がその立場にいると言いにくいが、将来優れた碩学にこの職に就いてもらうために、館長ポストはこの機会にせめて直轄学校長と同等の勅任レベルまで引き上げることを文部省内で訴えたらしい。ただしこれは実現しなかった（有泉貞夫「田中稲城と帝国図書館の設立」）。

帝国図書館官制の公布後、帝国図書館長には田中稲城が、また館長に次ぐ司書長のポストには五月一三日付で文学士の渡邊又次郎《わたなべまたじろう》が任じられた。当時学校教員からの転職を考えていた夏目漱石も、岳父中根重一（中根は一時期、東京書籍館に勤務していた）を介し、帝国図書館の司書としての採用を求めて運動していたが、これは実現しなかった。

帝国図書館は、同年九月八日に事務取扱規定を改定し、事務を図書部、閲覧部、事務部の三部に分け、新たな体制を整えた（帝国図書館文書『館内諸規程職員分課等』）。図書部は書目、函架の掛からなり、目録の編纂と書架の整頓、図書の受理、原簿記入、製本等、収集整理に関する業務を担当する部門であった（のちに独立して製本掛が設けられた）。閲覧部は図書出納掛、看守、給事の業務があり、図書の出納と、閲覧室内の巡視、カード目録の繰り込みなどの事務を所掌した。事務部には庶務掛と会計掛が置かれ、文書事務のほか、金銭の出納品、会計の事務を担当した。図書部長には渡邊又次郎が、閲覧部長には太田為三郎《おおたためさぶろう》が、事務部長には西村竹間がそれぞれ任命された。なお渡邊はほどなくして仙台の第二高等学校に転出となり、司書長のポストも一八九八年一〇月に廃止された。館長に次ぐ地位として新たに司書官のポストが置かれるのは一九〇〇年八月のことで、このとき最初の司書官には西村竹間が就任した。

一八九七年度年報によると、帝国図書館の職員数は、奏任の館長一名・奏任の司書長一名、判任の司書八名、書記三名で、その他に『職員録』等には名前の現れない雇員が四名、図書出納給仕一二名、看守四名という総勢三三名の組織であった。業務の内容も規模も異なるが、現在の国立国会図書館が九〇〇名弱の職員を擁していることと比べれば、東京図書館時代と比べれば増加はしているものの、やはり相当に小さな組織である。このため一人の人間が複数の掛業務を兼務することも多かった。

経費について、東京図書館時代には年間八〇〇〇円前後だった政府支出金は、帝国図書館となった一八九七年度以後、年間二万円台に増額された。

帝国図書館はどこに？

次の問題は場所であった。

田中稲城は、できるだけ交通の便利な場所に帝国図書館を新築することを希望していた。新聞でもたびたび帝国図書館の新築場所の候補が報道されて、世間の関心が高かったことがうかがわれる。

帝国図書館官制公布と同日、文部省は外山正一、菊池大麓《きくちだいろく》、辰野金吾《たつのきんご》、久留正道《くるまさみち》、田中稲城の五名を帝国図書館設計委員に任命、敷地の選定と設計方法の検討にあたらせた。当初その敷地は、日比谷原の東南の地が候補となったが見送られ、次いで駿河台にある小松宮邸、文部省が他に移転した後の跡地、牛ヶ淵の招魂社附属地などが挙げられた。このうち小松宮邸は使用の予定があるとのことで外された。牛ヶ淵の招魂社附属地は陸軍省の承認も得られ、地盤調査の結果も良好だったが、同地が線路にあたり変更しがたいとのことで断念せざるを得なくなった。文部省の跡地についても、適切な移転先が見つからなかった。虎ノ門内の旧工部大学校跡地や上野公園内の竹の台なども候補となったが、所管官庁との折衝で折り合いがつかなかった。

国立国会図書館憲政資料室には、この時期、文部次官などを歴任した牧野伸顕《まきののぶあき》に田中が送った書簡が保存されている。田中と牧野は開成学校時代の同級生であった。書簡の多くが帝国図書館の新築場所問題に関するやり取りである。牧野は文部次官を退いたのち、帝国図書館が成立した一八九七年にはイタリア公使として転出したためすでに海外にあったが、イタリアからも田中の相談に同級生として助言を与え続けた。

帝国図書館新建築の予算もいつ削られるかわからない情勢だった。日清戦後経営の財政難から松方正義《まつかたまさよし》内閣が「地租増徴」を提案したことで政局は流動化し、内閣も松方、第三次伊藤、大隈、第二次山県と相次いで交代したからである。文部大臣に限っていうと、政変もあり、帝国図書館の新築場所が議論されていた一八九八年には、浜尾新、西園寺公望《さいおんじきんもち》、外山正一、尾崎幸雄《おざきゆきお》、犬養毅《いぬかいつよし》、樺山資紀《かばやますけのり》と何と一年間で五回も文部大臣の交代があった。この点からいっても、用地選定に大臣がリーダーシップを発揮するのは難しかったといえよう。

結局、帝国図書館の新築候補地は、文部省の所管となっている土地の中から探さざるを得ず、一八九九年七月一三日、上野公園内の東京音楽学校敷地内の空地に新館建設を進めることとして、樺山文部大臣の決裁を得た。上野に決まったときの田中の落胆は大きかったらしく、帝国図書館は「公園の美観」にするほかなくなったと牧野に書き送った。牧野が持っていた書類の中には田中が作成した帝国図書館設立意見書が残されている。そこには明確な国政奉仕と、諸官庁の図書館の蔵書を帝国図書館に集中させるという構想が見られた。田中が都市の中心部への進出にこだわった理由も、帝国図書館の機能を拡充しようという狙いがあったのだが、結局実現せずに終わってしまった（有泉貞夫「田中稲城と帝国図書館の成立」）。

図書館令の公布

帝国図書館の開館と前後して、全国的な図書館の整備に向けた準備も進められた。一八九九年四月一七日に開かれた第三回高等教育会議では、図書館令案が検討されている。高等教育会議は、文部大臣の諮問を受けて教育に関する重要な案件を審議する場として一八九六年に設けられ、一九一三年の第一次山本権兵衛《ごんべえ》内閣における行政整理で廃止されるまで続いた会議である。会議メンバーには官立学校長や帝国大学の教授のほか、帝国図書館長も加わった。

当日の会議では加藤弘之《ひろゆき》を議長に、図書館の形態と定義について様々な議論が交わされた。とくに文部省原案では、全ての図書館の設置廃止について文部大臣の認可を受けることとされていたが、これは煩雑に過ぎ、設立を奨励する趣旨に反するのではないかと意見が出た。議長の指名で田中稲城、鎌田栄吉、湯本《ゆもと》武《たけ》比古《ひこ》の三委員により修正案が作られ、翌四月一八日の採決で可決された。

この審議で注目されるのは、田中稲城が、原案の第一条「北海道府県郡市町村北海道及沖縄の区を含むは学術技芸に関する図書記録図画の類を蒐集し公衆の閲覧に供せんが為に図書館を設置することを得」のうち、「学術技芸に関する」の八文字の削除を訴えている点である。田中がこの文言を入れた理由を当局に質すと、文部書記官の渡部《わたなべ》董《とう》之《の》介《すけ》は「慰みのようなもの」が図書館にあると困るからだと回答。これに対し田中は「慰み」はいけないというが、市町村が設置する通俗図書館で読書を奨励するならば、最初は「慰み」の図書も必要であるとした。小説にしても非常に有益なものはあり得るし、読書奨励に必要なものもあるから、ここで「学術技芸」に限定するとかえって不都合が生じるというのだ（『高等教育会議議事速記録』明治三二年開催）。東京図書館時代に引き続き、帝国図書館でも小説の多くは乙部に編入されていた。つまり帝国図書館で小説の閲覧は制限されていたことになる。しかし、それは帝国図書館が学芸調査のための参考図書館だからであった。田中は、小説を公共図書館に置くことには一定の意義を認めていたのである。なお、帝国図書館でも日露戦争後になると小説の禁止は徐々に緩和され、甲部にも著名な小説が登録されるようになる。

以上の審議を経て、一八九九年一一月一一日に図書館令が公布された。図書館令では公立図書館の職員の待遇として判任の中等学校教諭と同等の待遇を定めたほか、第七条で閲覧料の徴収を定めた点が大きい。この図書館令のもとで作られた代表的な私立の図書館に博文館が作った大橋図書館がある。大橋図書館は明治時代を代表する出版社博文館の大橋佐平《おおはしさへい》と息子新太郎が一九〇二年に創立したもので、博文館発行の雑誌資料や叢書を集めていた。開館当初の蔵書は三六〇〇〇冊で、新刊書も多かった。一二歳以上が利用でき、閲覧料も低廉だったので、石川啄木《いしかわたくぼく》など多くの文人も利用した。

一九〇〇年になり、田中は一八九三年に西村竹間が著した『図書館管理法』の改訂を行った。改訂版では、図書館の種類、図書館の必要、図書館創立などの項目のほか、図書館の実務に関する部分が増補されたが、これも図書館令以後、増加が見込まれる図書館の需要を見据えての改訂であった(永末十四雄『日本公共図書館の形成』)。

図書館の実務に関する知識は書籍だけで十分に伝えられない。そこで研修が企画された。一九〇三年八月一日から一四日まで、新設の大橋図書館で日本文庫協会主催の第一回図書館事項講習会が催された。講師陣は帝国図書館から田中稲城、西村竹間、太田為三郎ほかが選ばれ、錚々《そうそう》たる顔ぶれが科目を担当した。募集人員は三〇名だったが、南は鹿児島から北は山形まで、全国各地から五四名の応募があり、そのなかから出席が良好だった者に証明書が交付された。この講習は、以後全国で増加が見込まれる図書館の担い手を育成するためのものだったが、同時に、東京中心の会合として発足した日本文庫協会が全国的に展開していく契機となるものであった（『歩み』本篇）。ただ、田中稲城自身は日露戦争の起きた一九〇四年以後、日本文庫協会の会合には積極的に参加しなくなっていった。同年六月には、田中の後を継いで第二代の会長に東京帝国大学附属図書館長の和田万吉《まんきち》が就任し、以後の協会を牽引していくこととなった（「図書人を偲ぶ座談会」（一）『図書館雑誌』第三五巻第三号）。

地方からの視線

帝国図書館の新築場所をめぐる報道が新聞紙上にたびたび現れたためか、この時期から次第に地方在住の人々の間にも、上野の帝国図書館の存在が知られていくようになった。

日清戦争後、政府が様々な教育改革を推し進めたことも、図書館の普及を後押しした。一九〇〇年の小学校令改正により、尋常小学校の修業年限を四年に統一するとともに、授業料の徴収を廃止して義務教育の無償化を実施すると、一八九五年に六一％だった就学率は、一九〇五年には九六％まで上昇した。また、一九〇二年の教科書疑獄事件を契機として翌年以降は教科書の国定化が進められていった。

教育水準の上昇は、必然的に図書館の需要を促した。明治三〇年代に入り、中学校の数も増加して中等教育が整備されていく一方、その向学心を満たす受け皿は、学校だけでは足りなかった。統計によれば、帝国図書館設立が設立された一八九七年一二月三一日の時点で、官公私立を問わず図書館が設置されていた府県は、東京、新潟、千葉、茨城、静岡、宮城、福島、青森、京都、奈良、三重、愛知、岐阜、富山、広島、山口、徳島、高知、熊本、鹿児島の二〇の府県に留まり、図書館の数は全国で三一に過ぎなかった。図書館が一つも設置されていない県は、まだかなりあったのである。外山正一が貴族院において、大学の卒業生が教員としての地方に赴任することを忌避していると述べた背景には、確かに都市部と地方の読書環境の格差が存在していたのであった。

明治二〇年代から刊行されていた『東京遊学案内』（少年園発行）には、遊学の指針、各学校の規則と入試問題の紹介に続けて、付録として毎回図書館の利用案内が掲載されていた。その筆頭には常に東京図書館・帝国図書館の沿革、蔵書、閲覧案内が細かく記されており、地方の生徒たちの間では、進学先の学校名とともに東京の図書館の存在は知られていたと思われる。とはいえ、掲載されている図書館は一八九七年の発行分では帝国図書館と帝国教育会（一八九六年に大日本教育会が改組）の附属書籍館の二館だけであり、一九〇三年から大橋図書館が加わった。東京府下の図書館の整備もまだまだ立ち遅れていたのである。

帝国図書館の開館が地方にどのように伝わったかを知る興味深いエピソードがある。一九〇〇年八月一四日、新潟県の長岡中学に通っていた生徒が、在京中の兄に宛てて、長岡では十分な読書ができないという手紙を書いた。本屋で本を探せば、自分の役に立つ本が見つからないわけではないが、高すぎる。買って読み終わった後はどうしたらよいか。貸本屋で借りればよいか。それも全部小説であって、俗っぽい本ばかりである。それゆえ「嗚呼繁華なる東京中而《しか》も閑静と聞ゆる上野公園に遊び、身を図書館に投じ美言好史に一日を暮さば其快楽果して如何」として、早く上京して帝国図書館に行ってみたいと熱い思いが述べられる。少年の名は高野五十六《いそろく》、のちに長岡藩家老だった山本家を継ぎ、海軍次官、連合艦隊司令長官を歴任する山本《やまもと》五十六《いそろく》であった（反町栄一『人間山本五十六』）。

創立期帝国図書館の状況

帝国図書館は設立後も東京図書館時代の施設をそのまま利用していた。一九〇〇年一〇月の『風俗画報』第二一八号掲載の深見洗鱗「帝国図書館に就て」や序章でも引用した新聞『日本』の履霜生「帝国図書館」などで館内の様子が紹介されている。

券売所で特別又は尋常の券を購入したあと、看守口で閲覧証を受け取って入館する。『風

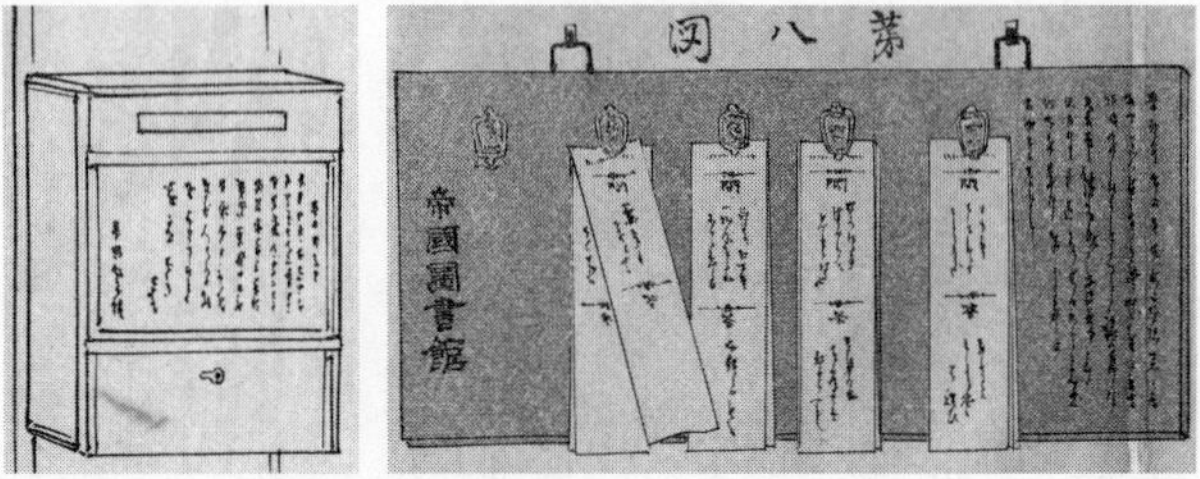

投書函（左）と問答板（右）　『風俗画報』第218号より

俗画報』には、一階の尋常閲覧室の図があり、一見して男子の学生や生徒などの利用が多いことがうかがわれる。興味深いのは、ある事項を調査するためにどの書籍を参照すればよいか、閲覧者相互で質問回答しあう問答板が目録室に設けられていたこと、問答板などに登場する書籍で、館内に所蔵がない図書の購入を希望する場合、閲覧室にはリクエストを受け付ける投書函が設けられていたことなどである。問答板の質問用紙は、上段に「問　〇〇〇の事を調査せんと欲す　何書若くは何書中何々の部に就かば詳知するを得べきや　大方の垂示を乞う」と書かれ、下段に自由記入の「答」が寄せられることとなっていた。この設置自体は東京図書館時代の一八八九年頃から取り入れられていたといい、回答ももっぱら職員が行っていたようだ（西村正守「上野図書館掲示板今昔記　その一」）。

帝国図書館側も学生の受験勉強のための利用を排除していなかった。一九〇二年、館長の田中稲城が新聞『日本』に載せた談話では、「此書生などは此処ばかりで医者の試験なり、法律

尋常閲覧室　『風俗画報』第218号より

1900年頃の帝国図書館内部の写真　『今世少年』第1巻第2号より

の試験なりを受けて採られれば、此処で教育をしたと云っても宜い、四百人ずつ来れば年々四百人の卒業生が出来たと、マサカそうも行きませぬが兎角そう云う理屈になる」と述べている（田中稲城「図書館談」（八）『日本』一九〇二年四月八日）。

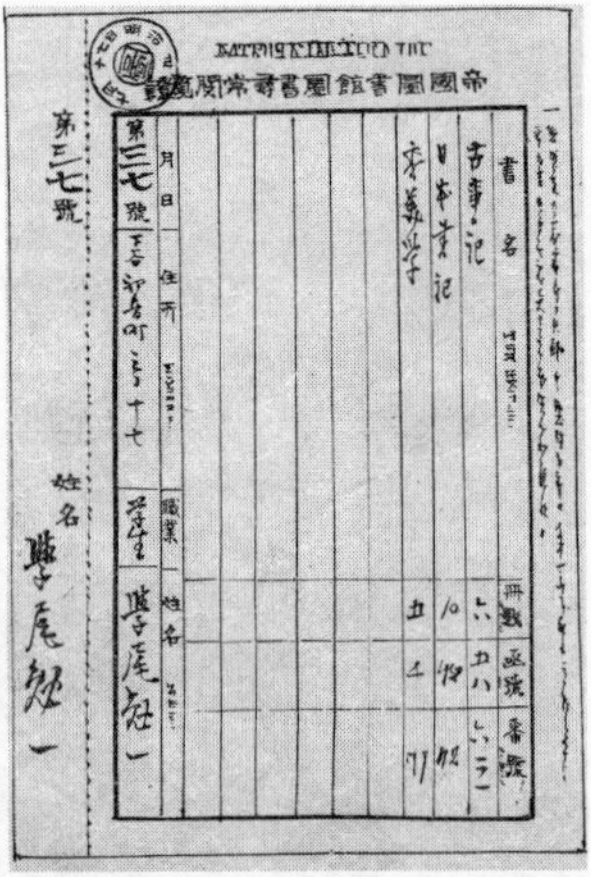

帝国図書館尋常閲覧証　『風俗画報』第218号より

　新館の建設以前に存在した施設として一九〇〇年設置の閲覧人運動場がある。これは閲覧者の希望で設けられた休憩場で、茶店が併設されていた。この茶店では、パン、菓子、果物、煙草、文房具等を扱っていたようである（『日本』一九〇三年一月八日）。しかし、館外で列をなして空席を待たされる者からは不評で、新館移転後に自然消滅したという（西村正守「上野図書館掲示板今昔記　その四」）。

　また、閲覧席の数について、一階の尋常閲覧室には一二四人が収容でき、二階は尋常閲覧室、特別閲覧室、婦人室からなり、尋常は六人掛け机一六台＋四人掛け小机が二台。特別室は四人掛けの小机六台と二人掛けの小机二台で二八人収容可能、貴重書の閲覧机は一台七人掛けで、婦人室以外では階上の席は一三八人収容できるとしている（『日本』一九〇二年一二月三〇日)。満員時には「入場差留」の札が出されて入館規制が行われるが、一人出て来たからその都度一人入場させるのではなく、三、四人が出てからまとめて次の入場者が呼ばれるのが常態だったといい、一分でも早く書籍を観たい利用者の立場からは改善の要求も出されていた。閲覧室に入るまでには、下足番、切符売、看守口の鉄格子、看守人という四つの関門を通過しなければならないが、常に下足番が非常に細かく注意をして、下駄の泥を落とすようにとか、誰にでもブツブツ怒っていたという細かい描写もなされている(『日本』一九〇三年一月六日)。

コラム4　図書館に入った本の流れ

図書館に本が届いてから、利用者が使えるようになるまでの間、実は色々な作業がある。「収集された図書館資料が利用できるように、その資料に施される一連の業務」のことを図書館用語で特に整理という（『図書館情報学用語辞典』第五版）。この流れには受入、目録、分類、資料の装備保全などが含まれる。

帝国図書館では、どのような流れで本は閲覧可能になったのか。判明している範囲でまとめておこう。

帝国図書館における資料収集の手段としては、内務省納本図書の交付（内交）のほか、購入や寄贈があった。受け入れられた資料には帝国図書館の蔵書印が捺される。その後、当該書籍を財産目録に相当する図書原簿に記入する。明治末期からはカード式目録の作成が主流となった。昭和初期の帝国図書館では、受入係で目録を取っていた（岡田温先生喜寿記念会編『岡田先生を囲んで』）。その場合、まず基本となるカードが作成され、その後で分類・件名を決定し、次いで図書の番号を決定したと考えられる。カードは、書名・著者名・発行地・発行者・発行年のように順序を決めて記入されたが、この規則もある時期まではバラバラで、タイトルの長い洋書などでは書き切れなくなるなど、苦労も多かったようだ。

なお分類は、実は書架の配置とは対応していない。帝国図書館では、明治時代の図書は一部を除いて一〜一〇〇、大正時代は三〇〇、大型本は四〇〇〜四三二、大正後期以後は五〇〇……のように、主題別に分類されずに、資料の受け入れ順、形態別その他によって函架《かんか》番号が与えられた（陶山国見「蔵書構成の実態調査およびその評価計画について」および『国立国会図書館百科』）。

函架とは図書を排列する棚のことである。たとえば夏目漱石『三四郎』（一九〇九年、春陽堂）の国立国会図書館での請求記号は九三―三二六だが、これは九三番の函架で三二六番目に受け入れた図書であることを意味する。こうして決定した図書番号に基づき、函架箋が資料に貼付され書架に並べられる。カードは閲覧目録として目録室のカード箱に繰り入れられるとともに、図書原簿にも函架番号が記載され、さらに新規で受け入れた資料として統計の数値や『帝国図書館報』の増加書目録にも情報が載せられていった。

第四章　「東洋一の図書館」の理想と現実

1　新館開館

開館までの道のり

帝国図書館の新館は、「東洋一の図書館」となることを目指して、総経費一五〇万円を三期に分け、毎期五〇万円を支出する方針が定められた。しかし、財政上の都合で、予定の金額の支出ができなくなってしまい、第一期支出金は一八九七（明治三〇）年度予算において金三二万円と決定した。

新築設計委員の久留正道《くるまさみち》は、技師の真水英夫《まみずひでお》を文部省に招き、一八九八年四月から一年間、彼を米国の図書館事情調査に派遣した。真水はワシントンの議会図書館、ボストン公共図書館、シカゴのニューベリー図書館などを視察した。帰国後、真水は設計に取りかかるが、彼の当初のプランでは洋風建築の中の随所に和風の要素が採用されていた。この案は建築委員

建築中の帝国図書館　国際子ども図書館ウェブサイト「建物の歴史」より

の反対意見もあって洋風プランに改められ、最終的に久留が修正した案が採用された。実施計画案は、ロの字型で、建築総坪数は九六〇坪。建物は地上三階、地下一階建て、中央に正面玄関を取り、左右対称、中庭があり、背面に九層に仕切った書庫、正面の三階に大閲覧室を配置する構想であった（『「国際子ども図書館」の建築』）。

さて、三二万円で進められることとなった工事だが、建築設計委員の調査の結果、第一期工事費には最低でも四八万円余りが必要であることが判明し、予算を大幅に超過することとなった。この工費は第一期工事の完成には欠くことができない額であり、追って議会に要求して承認を得ることに決め、帝国図書館の新館は設計図に従って一九〇〇年に着工した。ところが、やはり予算の増額は認められず、三二万円を八年に分けて、年四万円ずつ執行することにして工事が進められることになった。すでに着工している以上、工事を初めからやり直すこともできず、この問題は最終的に建築予定の坪数を減らすことで決着した。真水は病気を理由に、一九〇二年七月、図書館の完成を見ずに工事途中で辞職した。自身のプランが生かされず、さらに予算の都合で当初計画が大幅に縮小されたことへの抗議の意味もあったかと思われるが、真相はわからない。

なお、第二次山県内閣で文部大臣だった樺山資紀が工事視察に来た際、二期以降の工事について問われると、「今一戦争後だなあ」と言い放ったとするエピソードも伝わる（西村竹間「帝国図書館に関する隠れたる歴史」『図書館雑誌』第五〇号）。日清戦争のようにもう一度対外戦争に勝って賠償金が取れれば増築できるという意味であろう。海軍軍人だった樺山の放言ともいえるが、逆にいえば教育や図書館にかけられる予算は、それだけ制約を受けていたということでもある。

日清戦争後の議会では、戦後経営をめぐる議論のなかで国家と教育との関係が鋭く問われ、予算の配分をめぐって様々な教育改革の論議が起こっていた。桂《かつら》太郎《たろう》内閣が進める行財政整理のなかで一九〇三年には文部省廃止論すら起き、加藤弘之らの学者が反対運動を展開するという情勢であった（田中友香理『〈優勝劣敗〉と明治国家』）。帝国図書館の第一期工事が完了した時点で、建物全体の四分の一の完成に留まったのは、以上のような理由からであった。

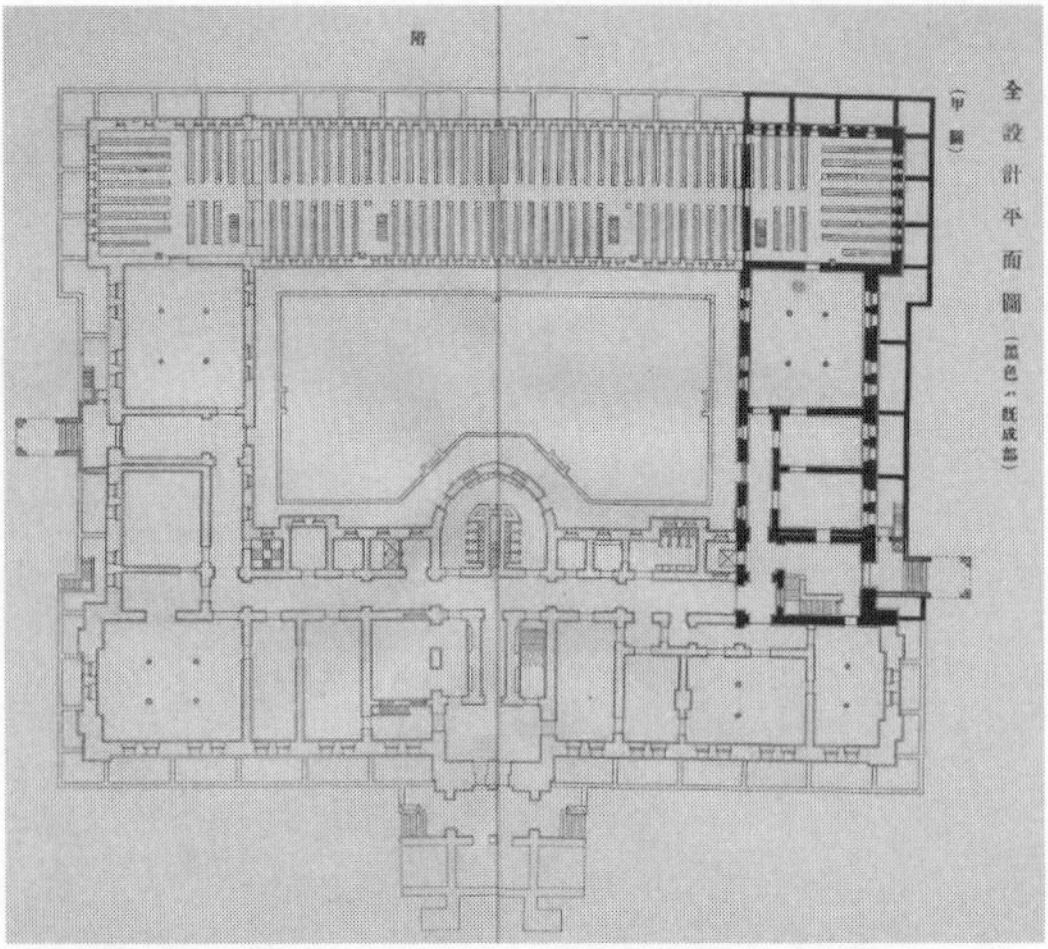

第一期工事完成部分（右上部分）『帝国図書館概覧』より

館内の配置

帝国図書館の第一期工事は、一九〇五年に五年の歳月を経て竣工した。完成した新館は、地上三階建て地下一階を含む鉄骨煉瓦造りのルネッサンス様式の建物である。帝国図書館新館開館に際して制作・配布された『帝国図書館概覧』によれば、総坪数は二一五坪で、本館部分と書庫部分の二部分に分かれていた。同書掲載の平面図を整理すると次頁の図のようになる。

本館は一四七坪余で、一階には玄関、応接室、貴賓室、新聞紙置場などが配置された。入館した者は玄関から一度地下に入り下足番に下足を預けて上履きに履き替えたのち、閲覧証を受け取って入館することになる。二階には目録室のほか、特別閲覧室と婦人閲覧室があった（五二坪、婦人閲覧室は当初それをさらに仕切ったささやかな空間だった）。三階には普通閲覧室が置かれた。高い天井で、最高部は三〇尺（約九メートル）ほどの高さがあった。特別閲覧室は現在の国際子どもの図書館の児童書ギャラリー、普通閲覧室は現在の本のミュージアムの部分に相当する。図の右側の張り出した部分が書庫に当たり、各回から書庫へ通じるようになっていた。書庫は八層に分かれており、一層分の高さはほぼ七尺であっ

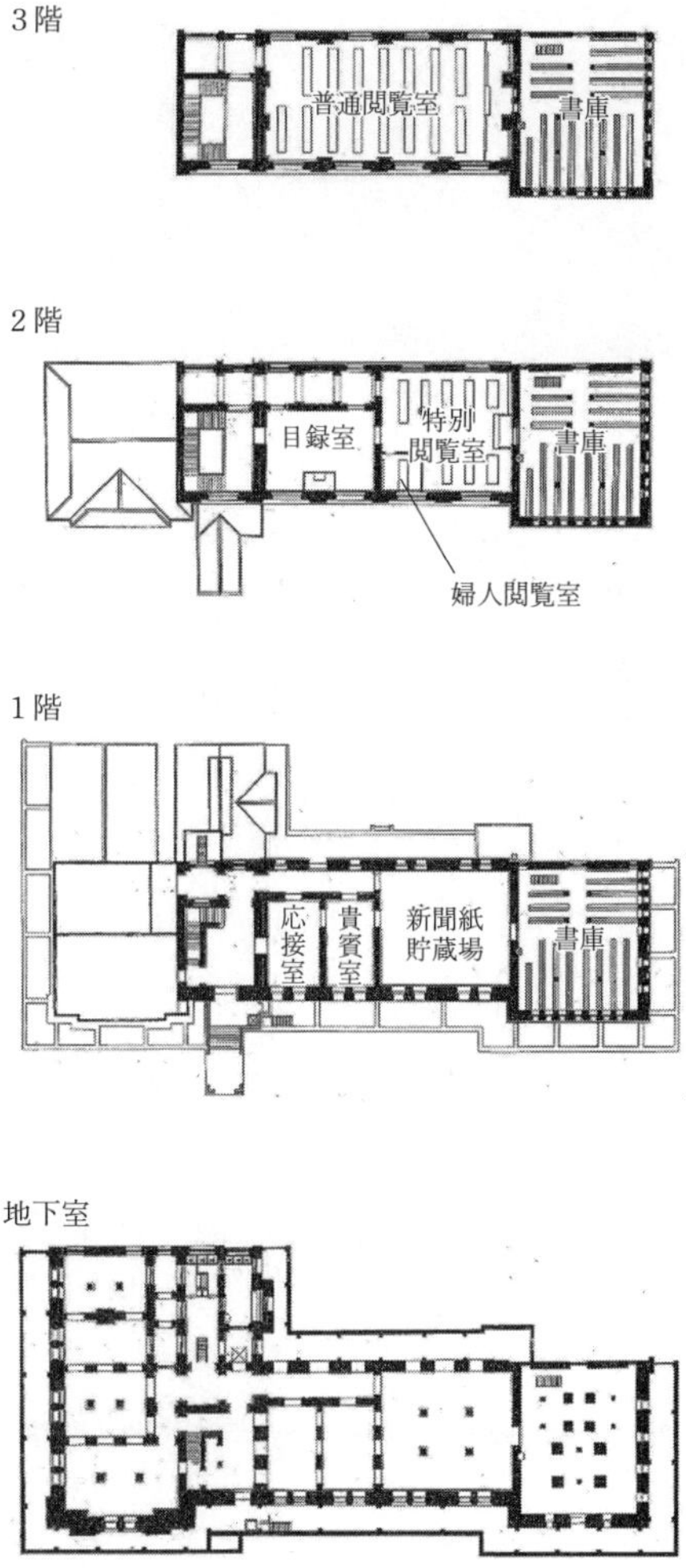

帝国図書館の各階配置　『帝国図書館概覧』より

閲覧室（左）および書庫（右）『帝国図書館概覧』より

た。七尺は二・一メートルだから、書庫内を移動する出納員らは天井を低く感じたものと思われる。また地下には閲覧人待合所や食堂、下足場、便所、物置などが置かれた。当初は乙部図書の保管場所にも使用する予定があったらしい。職員の事務室がないが、これは、予算削減のため地下の基礎部分のみ出来ていた部分の上に木造一棟を設けて対応した。

帝国図書館は一九〇六年二月一日から閲覧を停止し、新館への書籍移転作業を開始した。この作業は三月上旬に終了したので、帝国図書館では三月二〇日に新館開館式を挙行することとなった。

新館開館式典

一九〇六年三月二〇日の午後一時半から、新築の帝国図書館において新館開館式が挙行された。会場となった三階の普通閲覧室には、館所蔵の貴重書籍も展示され、朝野の名士学者ら数百名が来館した。

式典ではまず田中館長が挨拶し、関係者に謝意を述べるとともに、設立の由来、今日までの苦心について語った。その後設計にあたった久留建築課長、西園寺文相の祝辞代読に続いて、来賓として出席した三宅雪嶺が挨拶に立った。

三宅は、日清戦争後に設立が決まり、日露戦争後に建物が落成した帝国図書館は「二大戦役の紀念」だとする。今、日本が世界に誇るべきものは二個半あり、一つは呉《くれ》の海軍工廠、もう一つが東京帝国大学で、残りの半分が未完成の帝国図書館だという。そして三宅は、帝国図書館の蔵書こそが貴重な宝物であり、日本の過去の思想の発現であるという独特の評価を示す。三宅は、蔵書のなかにはありふれた書籍もあるが、維新後四〇年間の日本の発展を支えてきた「過去の勢力過去の思想」は、これらの蔵書のなかにあると述べる。これから日本の発展の秘密を理解するためには、帝国図書館の蔵書全体を解釈しなければならないと述べた（『日本』一九〇六年三月二一日）。

次いで演壇に立った末松謙澄《すえまつけんちょう》は三宅とは異なり、厳しい調子で日本の図書館の状況を批判した。日本の図書館では書籍の紛失が多く、利用のモラルが海外に及ばないと述べる。蔵書についても大英博物館図書室の東洋関係蔵書の方が多く、東洋の研究なら日本よりロンドンに行った方が便利だとも語った。叱咤のつもりなのだろうが、この演説は参会者には不評だったらしい。末松の後に三宅が再度立ち上がり、イギリスの図書館にもコートの紛失に関する掲示があるので日本人だけが公徳心が低いわけではないと末松に反駁するハプニングも

帝国図書館外観　小川一真『東京風景』より

あった。最後に樺山元文部大臣が演説を行い、地下で茶菓子の供応がなされた。一同が散会したのは四時ごろだったという。

帝国図書館の新館開館に合わせて、初めて日本文庫協会の全国大会が開かれた。全国から図書館員が集まって帝国図書館の開館式に出席し同館の貴重書を鑑賞した。

帝国図書館は三月二三日から閲覧を開始したが、開館初日の閲覧人数は、普通閲覧人五一三名（内女性六名）、特別閲覧人一一〇名（内女性一四名）、さらに清国からの留学生が三名であったという（『電報新聞』一九〇六年三月二五日）。清国人の利用者は一定数いたようで、清朝の官人や学者が来日した際、帝国図書館に来て宋代や明代の版本を確認することもあったという。来日した中国知識人の間では、帝国図書館には漢籍の善本が所蔵されていることが知られていたらしい（土屋紀義「寄贈資料からみた帝国図書館と中国」）。

その後の帝国図書館新館開館に関連する新聞記事を見ていて驚くのは、入館者の有志が主催して、新館建築を祝す大懇親会が催されたことである。同年四月一四日に日暮里で開かれた「図書館来館者祝賀懇親会」では、一〇〇余名が参集した。平民社に出入りする社会主義者の原霞外《はらかがい》が講談を弁じ、蓄音機の演奏や、剣舞も披露されたという（『日本』一九〇六年四月一六日）。懇親会はこの一回きりで終わったようだが、新館建築当初の帝国図書館を囲繞する祝賀のムードを今日に伝えるものとして興味深い。

資料の充実、業務の発展

謄写版の未刊資料「帝国図書館沿革史案」（コラム1参照）によると、新館開館後の明治末期までの期間は「官制数次に亘《わた》って改正、館務振興す」とある。一九〇六年三月三〇日には司書の定員が九名から一一名となり、一九〇七年四月二四日には奏任の司書官の定員が一名から二名になった。これにより、同年五月、太田為三郎が西村竹間に続く二人目の司書官に任命された。さらに一九一一年三月一日の改正で司書官の定員は三人となった。

一九〇八年五月三〇日、季報の役割を果たす『帝国図書館報』が新たに創刊され、三ヵ月に一度、増加書目録と閲覧統計を載せて広く頒布することとなった。一九一〇年にロンドンで日英博覧会が開かれた際には、帝国図書館より図書館内外の写真、蔵書目録、統計表、掛図や館報などが出品された。新館完成を経て、帝国図書館は確かに発展期に入ったといえるであろう。

新館完成の前後には、日本の「国立図書館」として重要な貴重書コレクションを受け入れている。日清戦争中、東京府から寄託されていた町奉行所記録などの旧幕引継書類が一九〇五年一二月に永久寄託となったほか、一九〇六年には、これも日清戦争の頃に外務省から引き継いだ対馬藩宗家の記録の整理受入が完了している。また一九〇八年以降、水戸藩の儒学者だった小宮山楓軒《こみやまふうけん》の著書を寄贈・購入によって集めるなど、明治維新前後の古書も充実してきた。そのほか、一九〇八年には日本画家・水野年方《みずのとしかた》の旧蔵書や新聞挿絵の下絵、浮世絵コレクションなどが遺族から寄贈されている。

帝国図書館では、一九〇五年に東京大学の古典講習科の卒業生で、鹿島神宮の宮司の家に生まれた鹿島則泰《かしまのりやす》を採用した。彼は古書に明るい館員として、帝国図書館の蔵書構築に大きく貢献した人物である（西村正守「鹿島則泰覚書」）。

目録の編纂整備も進んだ。一九〇〇年八月の「歴史、伝記之部」を皮切りに、『帝国図書館和漢図書分類目録』が八門分類に対応する形で一九〇八年末までに刊行された。また、従来の増加書目録に接続する形で、一九〇〇年から〇三年までの増加分を収めた『帝国図書館和漢書件名目録』が一九〇五年に発行されている。一九〇四年から〇七年までの増加分を含む『件名目録』第二編が一九〇九年に刊行されたが、一九〇八年以降の増加書はカード目録になった。なお、以後、帝国図書館において八門分類はもっぱら帝国図書館年報の統計で使われ、目録編纂事務においては件名目録の作成に重点が置かれるようになっていった（乙骨達夫「支部上野図書館閲覧目録の変遷及び現状の概要」）。

他方、蔵書が失われることもあった。大きな損失として、帝国図書館移転の際、隣接する東京美術学校内の施設に仮置きしていた乙部図書の一部が、一九一一年に起きた東京美術学校の火災および消火活動によって焼失・水損し、約三万冊の図書が使用不能となったことがある。これらの資料は修復もできず、結局翌一九一二年七月に廃棄の処分が下された。

国際交換事業と外国資料の収集

明治末期において、帝国図書館では外国資料の収集に関わる国際交換事務を開始した。国際交換とは、政府刊行物や学会が発行する刊行物など一般的な商業ルートでは入手困難な外国の出版物を、各国が指定した機関で取りまとめて交換し合う資料収集の方法である。これにより外国の行政機関等の重要な刊行物を効率的にまとめて入手し、また出版物を相手国に送って自国の学術文化の成果を海外に発信するというメリットがある。現在の国立国会図書館でも行われている。

もともと出版物の国際交換は、一八七五年、アメリカの国立の学術研究機関であるスミソニアン協会からの申し入れにより、外務省官房記録課が対応していた。米国の出版物をスミソニアン協会がとりまとめ、日本総領事館経由で外務省に送り、外務省記録課が関係省庁に行政の参考となる資料を配分していたのである。日本側の資料は、各省から外務省へ提出されたものをまとめてスミソニアン協会に送っていた。

日露戦争の勝利によって日本が国際的な地位を高めたことは、当該業務の重要性を押し上げた。一九一〇年一二月には東京帝国大学の史料編纂所が外務省に対し、『大日本史料』『大日本古文書』をアメリカだけでなく、ドイツ、イギリス、イタリア、フランス、オーストリア、スイスなどの国立図書館と主要大学に送付するよう依頼していた。

このように交換地域が拡大していった結果、事務負担が増加し、外務省記録課が扱うには膨大な業務量となってきた。諸外国においては通常、国際交換業務は国立図書館が担っている例が多い。そこで一九一一年四月一日より外務省から帝国図書館へ業務が移管されることとなった。一九一一年に日本側が受領した図書は一八一七冊で、日本から送った図書は三九四冊であった。一九一五年度年報から「米国斯密遜《スミソニアン》館万国図書交換事業」の項目が立項され、各年ごとの送付・受領冊数等が記載されるようになる。一九二五年度の年報からは「万国図書交換事業」と改称され、国際交換の成果が掲載されていく（斎藤毅「日本における出版物国際交換事業の歴史」）。ただし、当時の国際交換は、どちらかといえば資料交換の橋渡しという意味合いが強く、政府出版物を中心とした資料収集の手段としての規模は小さいものだった（中林隆明「上野図書館における洋書の形成について」）。

　この時期の帝国図書館における外国資料の収集は、館外の専門家に選書調査を依頼する形であった。東京書籍館の頃には目賀田種太郎など、ハーバード大学に留学中の留学生に依頼してアメリカの文献を購入することもあったが、帝国図書館発足後は海外留学中の東京帝国大学の学者らに依頼して人文・社会科学系の書籍を集めた。中心となった人物には政治学の小野塚喜平次《おのづかきへいじ》、統計学が専門で労働運動にも関わった高野岩三郎《たかのいわさぶろう》らがいた。また中国関係の図書は中国哲学を専門として北京に留学中の服部宇之吉《はっとりうのきち》に依頼していた。なお、自然科学関係の外国資料収集については、やや時代が下るが、一九一六年に東京帝国大学理科大学を卒業した高橋好三《たかはしこうぞう》が司書官に任用されて以後、収集が本格化したという。ただし、館外専門家への依頼は田中館長が退任した大正後期以後は行われなくなった。

　帝国図書館では、外国語資料は予算の関係から英語のものを中心に厳選して集められていた。たとえば原著がドイツ語の著作なども英訳された本を優先的に集めていた。この方針は高橋司書官が着任すると改められ、英訳書中心の収集から原本主義に切り替えたといわれている（岡田温「旧上野図書館の収書方針とその蔵書」）。なお高橋司書官は夜学に通ってフランス語やロシア語を学んでいたという。

2　帝国図書館を利用した人々

新館の印象

日露戦争の時期には一時的に閲覧人の数も減少した帝国図書館だが、講和後は再び利用増に転じた。新館が完成した一九〇六（明治三九）年度は、一九万五三四四人の利用があり、前年の一二万三四四九人と比べて七万人以上、前々年の一三万三八二九人と比較しても六万人以上の増加であった（前年度の利用者がやや少ないのは新館移転のための休館も影響している）。

帝国図書館新館開館からほどなく、姫路から第一高等学校入学準備のため上京した和辻哲《わつじてつ》郎《ろう》は、帝国図書館の建物を「鮮やかな印象の残っている」ものの一つに挙げている。彼は図書館で英国の一九世紀の詩人の作を次々と借りて、読むというよりページを眺めて楽しんでいたという。地方から上京した少年にとっては、上野の帝国図書館は「それまでの数年の間見たいと思っていたいろいろの書物」を借りられる場であった。

わたくしに最も強い印象を残したのは、閲覧室の内部の姿であった。天井が非常に高く、従って東側と西側の壁に並んでいる窓も非常に細長く高くのびて居り、床の上に並んでいる閲覧机がいかにも下の方に、低いところにあるという感じになっていた。室の北端の一段高いところの机に控えている司書の人も、やはり同じように低いところにいるという感じで、天井の高さを反映していた。わたくしは机の上に開いた書物から眼を離して、時々天井を仰ぎ、そこにぶら下っているシャンデリヤを眺めた。こんなに高い天井の下に坐るのは生れて始めてだとしみじみ思った。そうして何ともいえない幸福な気持になった（和辻哲郎『自叙伝の試み』）。

半世紀以上経ってからの回顧なので、美化や誇張はあるかもしれない。和辻が座ったのは三階の普通閲覧室であろう。和辻は同じ回想で、英書が読みたければ丸善に行った方がよいのだが、田舎から出て来たばかりの貧乏書生には「一寸《ちょっと》近づきにくいところ」だったとも述べている。帝国図書館が学生生徒の人気を集めた理由の一端を垣間見る思いがする。

第一高等学校の生徒は、よく帝国図書館に通っていたらしい。芥川龍之介《あくたがわりゅうのすけ》、谷崎潤一《たにざきじゅんいち》郎《ろう》らの小説にも帝国図書館が登場する。

一九〇八年、上京してから足繁く帝国図書館に通った人物に菊池寛《きくちかん》がいた。「半生を学校へ通うよりはもっと熱心に図書館へ通った男」を自任する彼は、高松から上京して、「私は

菊池寛　国立国会図書館「近代日本人の肖像」より

東京の何物にも感心しなかったが、図書館にだけは、十分驚きまた十分満足し、これさえあればと思った」と回顧している（菊池寛「半自叙伝」）。

菊池の小説「出世」は、帝国図書館の下足番に光を当てて当時の図書館利用を描いている。田舎の中学校を出て上京した主人公の譲吉だったが、学生時代の生活は貧しく、窮乏するなかで図書館通いをしていた。それは彼にとって「一番みじめな事」でもあった。帝国図書館に入館するには地下で下足を預け、上草履と交換する必要があったが、あるとき譲吉は履いていった草履があまりにみすぼらしいという理由で、下足番から預け札の交付を拒否された上、嫌味を言われてしまう。意地悪で無口な下足番に対し、譲吉は反発を覚えるが、同時に一生この地下で仕事をする彼に内心で同情を抱いた。数年後、大学を卒業し、自ら職を得て図書館を訪問した譲吉は、下足番がいないか探してみたところ、何と閲覧券売場の係に「立派に出世」しているのを発見したという話である。「出世」は、図書館がエリートたちの地位上昇の足場の一つだったことを背景とした作品であるが（日比嘉高編『図書館情調』）、全ての利用者と顔を合わせる下足番は、帝国図書館の司書よりも利用者にとって印象を残す存在だったといえる。この下足番にインタビューを試みた新聞記事もある。

それによれば、下足番の仕事は請負で、日当は三〇銭、夏場は一五時間ちかく座りどおしで、九百人近い利用者の下足を捌《さば》かねばならず目が回りそうなほど忙しいことが語られている。また容易にトイレにも行けず、しかも閲覧者に渡す上履は図書館が支給するのではなく、請負業者側の負担であることなど、過酷な労働環境が知られる（「下足番」『東京朝日新聞』一九〇八年一一月三〇日）。

利用者マナーの問題

帝国図書館にはマナーの悪い不届きな利用者もいたようである。新館移転後、故意に書籍を毀損する者や、カード目録に悪戯をして汚す者、勝手に心棒を動かしてカードを抜き取る者、壁に落書きする者まで見られた。そこで帝国図書館側は一九〇六年五月、万一このような行為に及ぶ者がいたら係員に「密告」すること、密告者に対しては「相当ノ謝儀」を与えるという掲示を出した。帝国図書館内には巡視がおり、居眠りや私語などを厳しく注意して回っていた（西村正守「上野図書館掲示板今昔記　その二」）。

現存する帝国図書館文書中に見られる利用統計に書かれた「閲覧人事故表」なる史料がある。それによれば、一ヵ月の間で、尋常閲覧証を紛失した者が三人、特別閲覧証を紛失した者が一人、他人の閲覧証を盗んで退館した者が一人、他人の一〇回券を使用するため偽名入館を試みた者が二名、借り受け中の図書に落書きをした者が二人、偽名ないし不都合な行為により登館を禁止した者が一人いたと記録されている。さらに巡視が巡回中に注意をした記録として、閲覧席での睡眠が三六一件、閲覧室内でのおしゃべりが三〇二件、閲覧席のことで不都合があった者四七件、閲覧室内で不体裁の行為に及んだもの二〇件、運動場の掲示に違反したもの一七七件、その他雑件を含めて九一一件、一日平均で三一件の口頭での注意が行われていた。しかし、それでも目の届かない場所で建物や蔵書を汚損するものが後を絶たなかったのであろう。

図書館側で取り締まりを強化するにしても、閲覧証に記入する氏名や所属を偽る者を完全に防ぐことは難しかったようである。帝国図書館が学生生徒に対して自然主義文学などの恋愛小説作品の貸出に制限を加えた際、学生は身分を偽って「雑誌記者」や「著述家」と身分を詐称し、禁じられた書籍を読むという対抗措置を取っていたと新聞が報じている（「恋愛小説渇望者の狡策」『読売新聞』一九〇七年六月一八日）。

したたかな利用者

図書への書き込みや居眠り、私語を厳しく取り締まる帝国図書館の雰囲気は、おだやかなものではなかった。

出納台が閲覧席より一段高いところに置かれたことで、利用者は常に監視の対象となる。このことに注目して、帝国図書館の閲覧室を日露戦争後の一等国民にふさわしい文明人となるための規律・訓練を要求する場として評価する研究もある（高梨章「俯瞰する出納台」）。先に引用した『自叙伝の試み』でも、「室の北端の一段高いところの机に控えている司書の人」と書いているように、和辻はこの構造に気づいていたが、もっと敏感だったのは芥川龍之介である。芥川の自伝的小説とされる「大導寺信輔の半生」に登場する「帝国図書館の与えた第一の感銘」とは、高い天井、大きい窓、無数の椅子を埋め尽くす無数の人々に対する「恐怖」であった。

特別閲覧室　国際子ども図書館ウェブサイト「建物の歴史」より

　帝国図書館の役所風の接遇を意地悪く、冷たく感じたとする新聞投書類は枚挙にいとまがないほどである。出納台には黒い事務服を着用した受付がいて、あたりを睥睨《へいげい》しながら閲覧者を呼ぶ。利用者は見降ろされながら本を受け取る。「私は時々上野の帝国図書館へ参りますが、いつも感ずるのは、いかにも館内に和気が

普通閲覧室　国際子ども図書館ウェブサイト「建物の歴史」より

無く冷やかな空気が満ちて居ることです、図書館の窮屈は中々取れそうにもありません、否、益々ひどくなるようで、館員と閲覧人とは官吏に対する人民と云うよりは、寧ろ看守と罪人のような傾があります」（「図書館と和気」『都新聞』一九〇七年七月二三日）。さながら閲覧室は監獄じみてくる。

明治末から大正初期にかけて、お茶の水高等女学校の生徒として帝国図書館に通った作家の宮本《みやもと》（中条《ちゅうじょう》）百合子《ゆりこ》は、「上野の図書館は決して愉快なところでもなければ、図書館として充分利用出来る便利な処でもなかった」といい、その雰囲気は「役所くさい、うるおいのない調子だけで親しみ難かった」。出納台に至っては、「あんなに高い、絵にある閻魔の大机のようなのなどは寧ろ愉快な滑稽だ」と語る（宮本百合子「蠹魚」）。何度か利用するなかで違和感がうすれていく利用者もいただろうが、それは居眠りや私語、閲覧室内の飲食、持参品のインキ壺、閲覧証の記入方法に至るまで微細に注がれる管理の視線を受け入れたともいえる。

しかしそれは、利用者が常に従順だったことを意味しない。たとえば当時の帝国図書館内の落書きを書き留めた随筆によると、地下室食堂の壁には、「下足の老父今少し丁寧にす可《べ》し（但し一銭やればおせじを云う）而し気の毒な者なり」「売店の菓子店に言う菓子を安く売れ十七八年の女を入れろ」などというのがあり、さらに館外玄関の正面板は、満員で待ちぼうけを食った利用者が「自暴自棄半分に」大量の落書きを残していたという。曰く「図書館は勉強家の来る所に非ず」「亡国の気象を図書館養生し」「三十人待つのに三時間かかった」「待つ人の心も知らぬ馬鹿俗吏」「立ん坊養生所」「満員で待って居る時は館員どもをぶんなぐってやりたい」「駄小説などと首引して貴重なる時間を徒費してる青年は早く出ろ」「こんなにまたす図書館があるか」「気長の養生所」「速に増室を望む」等々（鵜の目鷹の目生『落書の東京』）、図書館への憤懣《ふんまん》が綴られている。落書きをそのまま利用者の「生の声」と解釈するのは一面的だが、帝国図書館文書の『閲覧室掲示其他閲覧室に関する事項』に綴じられた注意喚起の掲示を見る限り、一向にマナーが改善された形跡がない。食堂備え付けの新聞紙や灰皿を暖炉に投入するとか、ゴミを屑籠《くずかご》に捨てないとか、持参した弁当を無断で備え付けのストーブに置いて温め異臭騒ぎを起こすとか、帝国図書館は結局のところ始終このようなしたたかな利用者を抱え込んだのであり、監視の視線と利用者の要求は絶えずせめぎあっていたといえよう。

どんな人が利用していたか

『帝国図書館年報』には、一九〇七（明治四〇）年度から一九三六（昭和一一）年度まで、約三〇年分の閲覧人の種類という項目があり、各年の閲覧人職業の種類の比率を館内利用・館外帯出双方について掲載している。一九〇七年度分についてみると以下のようになっている（館内利用／館外貸出の順に記す）。

学生生徒　六四・六％／二一・一％
著述家・学校教員・新聞雑誌記者　四・七％／二四・五％
官公吏・軍人　一・九％／五・五％
実業家　五・三％／一五・六％
弁護士・医師・画家　一・七％／四・四％
雑業　二・八％／四・四％
無職業　一九・〇％／二四・五％

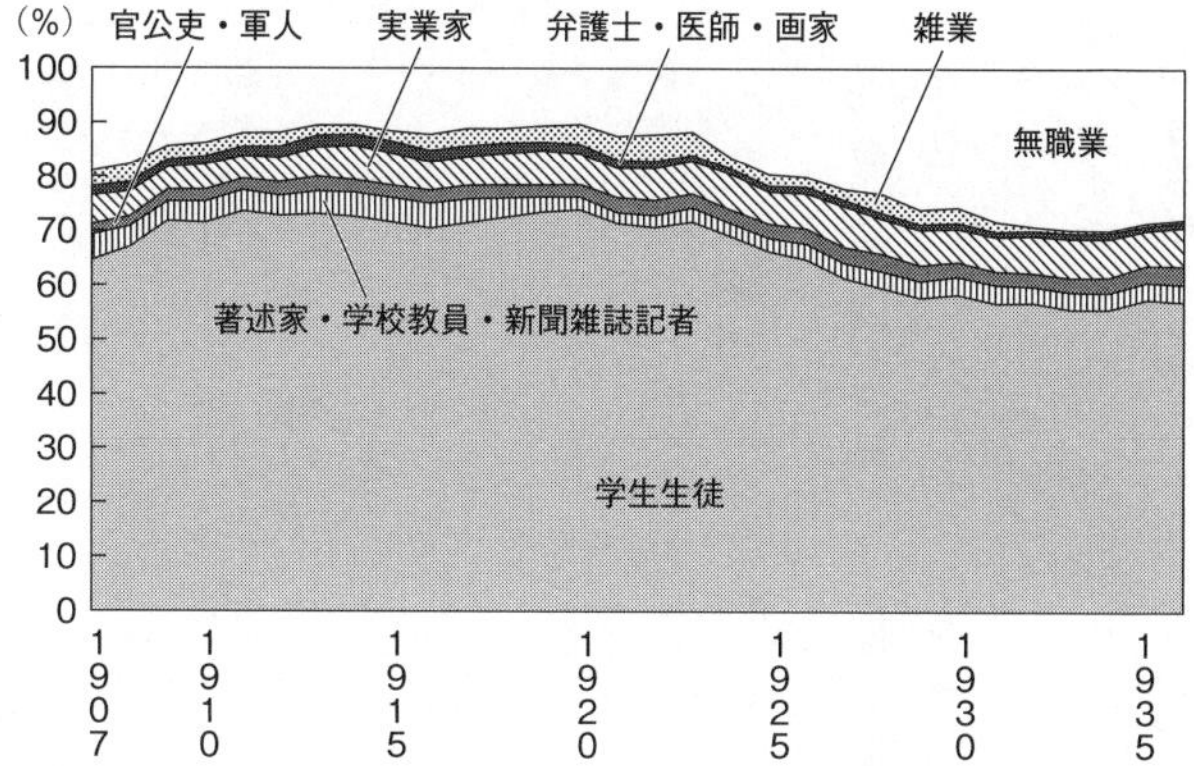

閲覧者の属性　『帝国図書館年報』の各年データより

なお同年の館内閲覧と館外携帯の人員はそれぞれ二〇万二一八八人と三八七三人で、館外携帯は全利用者の二％に満たない割合だった。

館内利用分について経年変化をグラフ化したのが図である。比率としてみれば、大正期を通じて学生生徒はほぼ七割で推移するが、昭和になると学生生徒が減って無職の比率が増えるとともに、実業家が微増、雑業が微減している。「雑業」としては僧・神官、建設業、製図工、機械業、製造業、職工などが含まれていたと考えられる。日清・日露戦争の時期にかけては医師・弁護士など職業資格試験の受験生が多く、日露戦争以後は中学生の利用が増え、上位学校に進学するための受験生へと比重を移していったといわれる（伊東達也『苦学と立身と図書館』）。

学生・生徒は閲覧証に通っている学校名を記入することになっていた。そこで、帝国図書館文書の

『最多数閲覧図書、職業、宿所分類表』という簿冊から、新館開館後の記録が残る一九〇六年五月三一日の利用者を見ると、円グラフのようになる。

学生の利用が圧倒的に多いが、その中心は明治や早稲田などの私学または専門学校、中学校の生徒であって、直轄学校に含まれる官立の帝大生の数は決して多くない。これは専門的・学術的な図書の収集、洋書の収集に関しては帝国大学附属図書館の蔵書の方が、帝国図

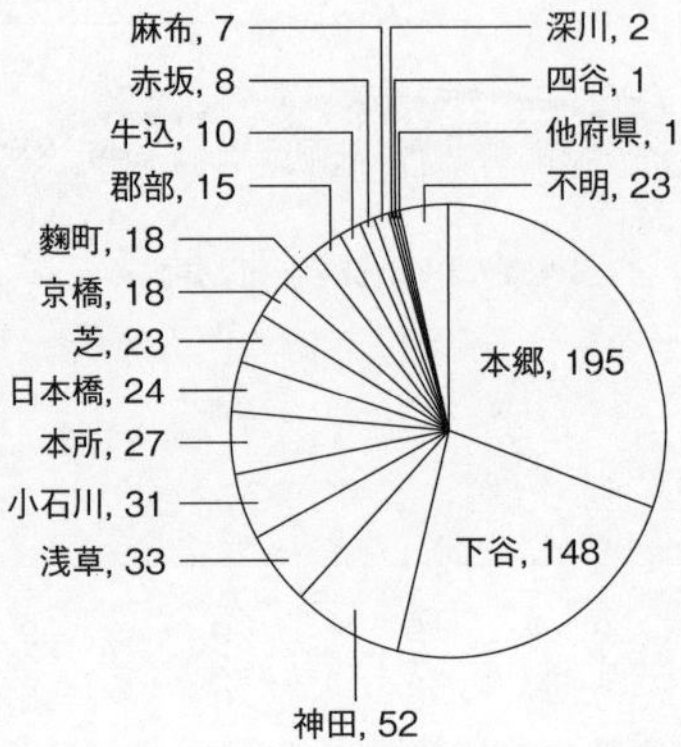

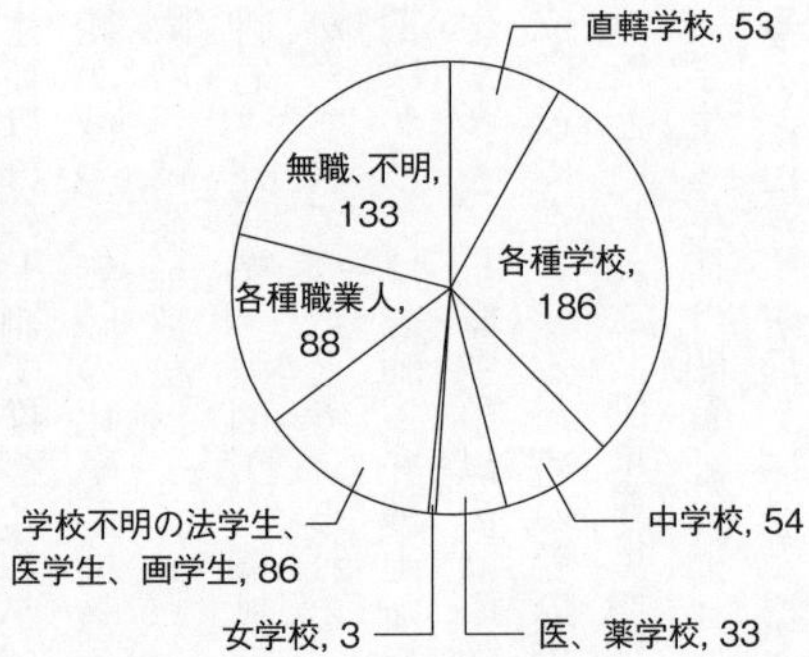

明治39年5月31日の帝国図書館利用者の住所（上）、職業（下）

書館よりもはるかに充実していたためと考えられる。日露戦争後には、中等教育の拡充によって、地方の中学校を卒業したのち、私学や専門学校に学ぼうとする青年たちが続々と上京していた（水谷悟『雑誌『第三帝国』の思想運動』）。日露戦争の時期に上京し、上野の帝国図書館に通って独学で研究を進めた北一輝《きたいっき》をはじめとして、官立大学から落ちこぼれたり、官立の大学を拒絶した書生が学びうるほぼ唯一の場所が帝国図書館であった。それゆえ帝国図書館は、「反官学、反アカデミズム」の学問が培われる温床でありえたという興味深い指摘もある（松本健一『評伝北一輝』第二巻）。

なお、来館者の住所を見ると、東京市内以外からの利用はごく僅かであり、東京市のなかでも本郷区、下谷区、神田区などの、東側の地域に住む人々の利用が圧倒的に多い。一方で、女性の利用はまだ限定的で、先ほど取り上げた一九〇六年五月三一日の記録では、一日に全部で六三六人の利用があったが、その内女子と確認できる女学校生徒の利用は三名に留まっていた。

どんな本が読まれていたか

帝国図書館ではどんな本が読まれていたのか。直接的な記録はないが、いくつかの新聞報道から閲覧の傾向を追える。一九〇七年の『やまと新聞』では、「藪入り中の図書館」として、主家の休み中に実家に戻った奉公人が帝国図書館に来て、『少年世界』『日本少年』『中学世界』『東京パック』などの少年雑誌や画報を読むさまが報じられている（『やまと新聞』一九〇七年一月一七日）。

また同年五月、『東京朝日新聞』が「最も多く読まれる書」「どんな人がどんな本を読むか」と題して、数回にわたり閲覧室内で出納の様子を報道している。それによれば、雑誌は『太陽』『文章世界』『中学世界』など博文館のものや、『探検世界』『英語青年』など、新聞は『中外商業新報』『万朝報《よろずちょうほう》』『国民新聞』『東京毎日新聞』『大阪朝日新聞』『九州日々新聞』『大阪毎日新聞』などが出ている。某中学生がスペンサーの『綜合哲学原理』やカントの『純粋理性批判』の解説書など哲学書を読みふけっているのを見て、藤村操《ふじむらみさお》の二の舞になりはせぬかとも書いている。そのほか主な図書として夏目漱石の『吾輩は猫である』や尾《お》崎紅葉《ざきこうよう》の『紅葉全集』、田村全宣の『成功と人格』『子規書簡集』『樗牛全集』などのほか、ユゴーの『レ・ミゼラブル』を黒岩涙香《くろいわるいこう》が翻訳した『噫《ああ》無情』などが閲覧上位にあったようである（『東京朝日新聞』一九〇七年五月二四日）。このほか、記者は『選挙干渉に関する参考書類』を読んでいる大工を見て焼き討ちに参加するのかと訝《いぶか》しがったり、俳諧の本を読む外務官僚を観察したり（同五月二六日）、『明星』や綱島梁川《つなしまりょうせん》の『病間録』を読む職工を「奇体」だとしている（同五月二九日）。ここまで具体的になると本人に直接取材するか、何らかの方法で他人の閲覧証を見て写し取ったとしか思えないが、今から見れば貴重な時代の証拠である。同年八月には『読売新聞』でも高文、判事、検事、弁護士、医術開業試験の受験勉強で来館する者のほか、夏休み中の旅行計画を立てるための名勝旧跡紀行の利用が報じられている(「夏時の帝国図書館」『読売新聞』一九〇七年八月五日)。

3 明治末期の図書館界

地方改良運動と図書館

日露戦争は、増税などで国民に莫大な戦費負担を強いることによって遂行された。日露戦争の講和条約(ポーツマス条約)で賠償金が取れなかったことで不満を抱いた民衆が、日比谷公園に集結して講和反対を唱え、さらに交番や新聞社を襲撃したことは有名である。帝国図書館の新館完成に関係者が沸いた一九〇六(明治三九)年は、まさにそのような時代のただなかであった。民衆が大きな政治勢力となり、政権を脅かす存在となりつつあること、そこに社会主義思想が流入することで国家が危機に陥るかもしれないという認識を政府関係者は抱いていた(宮地正人『日露戦後政治史の研究』)。国民精神の弛緩も著しかった。ロシアという強国相手に勝利を収めたことで、国民の間に張りつめていた緊張感や一体感は急速に失われていった。

日露戦争を指導した桂内閣が退陣し、続く第一次西園寺内閣で文部大臣に就任した牧野伸顕は、一九〇六年六月九日に学生の思想風紀について訓令を発した。この訓令では、学生生徒が読む本を精査し、有害なものがあれば徹底的に取り締まることが明記された。

日露戦後の約一〇年間の時期は、政府による国民の統合がいっそう強化された時期である。政府は国民教育の拡充を進めるとともに、負担に堪えうるよう末端の町村の行財政再建を図ろうとした。一連の政策にはこれから先、日本が世界の列強と対抗していくためには、国民が政府の施策に自発的に協力していく体制が必要だという共通の判断があった（有泉貞夫「明治国家と民衆統合」）。一九〇七年の三月には小学校令が再度改正されて義務教育年限が六年に引き上げられ、〇八年から実施されるにいたった（『学制百年史』）。

また、一九〇八年一〇月一四日に発布された「戊申《ぼしん》詔書」では、天皇の名のもとに、国家の発展のため国民が心を一つにして勤勉に働き、倹約に努めることが求められた。この戊申詔書に基づき、内務官僚を中心に町村の生活改善のための講習会などが全国的に行われていった。これを地方改良運動と呼ぶ。地方改良運動とは、膨大な戦費負担で無理が生じてきた日露戦後の社会を、倹約と精神の鼓吹で解決しようとする政策だった（松沢裕作『日本近代社会史』）。

地方改良運動は、町村財産確保のための部落有林野の統合や神社の合併、農事改良など多方面で展開されたが、その一環として注目されたのが図書館の振興だった。地方改良の成功事例として、しばしば図書館の設置が挙げられた。小学校六年の義務教育を終えた者が、その後堕落した生活を行って、不良の道に進むことがないよう読書の習慣を身につけ、知徳を養うことが有効だと内務官僚も考えたのである。地方改良運動の中心的人物である井上友一《いのうえともいち》は、『救済制度要義』（一九〇九年、博文館）のなかで、「庶民的教化事業中人が其最重要なるを認識せるもの蓋し公共図書館制度に若《し》くはなし」と述べ、世界各国の図書館事業の事例を紹介している（新藤透『図書館の日本史』）。

明治末期の東京市図書館事情

帝国図書館の一九〇八年度分の年報（一九〇九年五月報告）の冒頭に、興味深い記述がある。本年度は日比谷公園に公共図書館（東京市立日比谷図書館）が開かれ、また徳川頼倫《よりみち》が自邸に南葵《なんき》文庫を開き公衆の閲覧を許したので、帝国図書館の閲覧人は少し減少するのではないかと思われたが、実際にはそうはならず、むしろ去年より増えたというのである。この年の帝国図書館の閲覧者数は二二万一七〇七人で、一日平均で六七七・四人であった。図書館の

東京市立日比谷図書館　小川一真『東京風景』より

需要が大きいためであろうと報告はまとめられているが、ここで少し当時の東京の図書館事情についてまとめておきたい。

南葵文庫は紀州徳川家の蔵書を麻布の徳川頼倫の私邸に移し、一門の子弟や研究者向けに閲覧を認めていた私設の文庫であった。一九〇八年から一般公開となったものである。内外の新刊図書も含め、最盛期には一〇万を超える蔵書があった。関東大震災以後、炎上した東京帝国大学図書館に蔵書の大半を寄贈して活動を終えている。

東京市の図書館設置は遅れており、議論が本格化するのは日露戦争の前後であった。市会では博文館の坪谷《つぼや》善《ぜん》四郎《しろう》らが中心となって、一九〇四年三月に市立図書館を設立する決議がなされ、一九〇八年一一月に開館となった。主事は元帝国図書館司書長だった渡邊又次郎である。新聞雑誌の閲覧室、児童室、婦人閲覧室などを一階に配し、二階には大閲覧室があった。開館後は連日満員の状況が続き、盛況となった。

東京市長の尾崎《おざき》行雄《ゆきお》は、日比谷図書館の開館式の式辞で、今後は漸次図書館を増やすと抱負を述べたが、東京市では各区に大規模な図書館の設置を構想していたという。深川図書館が出来たのもこの流れで、一九〇七年、上野公園で開かれていた東京勧業博覧会の瓦斯《ガス》館の建物を東京市が譲り受け、深川公園に移設して図書館とした。開館は一九〇九年のことで、東京市で二番目の市立図書館であった。こちらも活発な利用があったが、関東大震災で焼失してしまった（『歩み』地方篇）。

小松原訓令

第二次桂太郎内閣の文部大臣を務めたのが小松原英太郎《こまつばらえいたろう》である。小松原文相は、図書館における良書選択をさらに進め、一九一〇年二月三日に「図書館設立に関する注意事項」という訓令を地方長官宛に発した。この訓令の草案起草に当たったのは、じつは田中稲城であった（竹林熊彦『近世日本文庫史』）。

小松原訓令は、文部省示諭につぐ図書館政策の根拠であり、明治期の文部省の図書館政策の到達点として評価される。小松原訓令は、図書館においては「健全有益の図書を選択すること」が最も肝要であり、建物や施設の整備はもとより、何よりも蔵書の内容に力を入れるべきだとして、その設置に関する注意点を列挙している。

訓令で示された注意事項は全部で七項にわたる。第一は閲覧用の目録調製である。図書館は学術研究に資すると同時に、一般公衆の読書趣味を涵養《かんよう》し、風尚を高めるものである。だから、図書館の種類目的に応じた図書選択が重要となる。通俗図書館においては、一般公衆とりわけ青年児童の目に触れる雑誌は取捨選択を行って閲覧用書目を作ることが必要だとされる。第二は、地方図書館の連携強化である。複数の図書館がある地方ではなるべく年一回図書館主任者の会議を開いて、閲覧図書の書目の標準を話し合うことが推奨される。第三は、新刊図書の収集と普及である。図書館は有益な新刊書籍の増加をはかり、館内だけでなく広く館外に貸し出すことも考えなければならない。大きな図書館ならば、分館を設けたり、巡回文庫の制度を設けて地方への図書の供給を図るべきである。第四は、学校、家庭との連携である。教員に授業の参考となる資料を提供し、家庭にも子供が読むべき良書を勧めていく。それによって、子どもの頃から悪い本に触れないような習慣作りを行うことが重要とされる。第五は、土地の実況に応じた図書選択である。工業の盛んな場所では工業に関する図書を、農業従事者が多い場所では農業関係書を所蔵するよう、画一的でない図書選択が求められている。また、地方の図書記録、地方人士の著述を蒐集することが推奨されている。この項に明治末期の郷土研究勃興の機運との関連を見る見解もある（永末十四雄『日本公共図書館の形成』）。第六項は図書館建築に関するものである。図書館の位置は、交通の便がよい場所が望ましく、建物は虚飾を去り質素なものがよいとも述べられる。第七項では図書館の施設について必要な要件を列挙している。

小松原訓令の内容は田中稲城が執筆した文部省編『図書館管理法』の一九一二年五月の再改訂版にも盛り込まれた。ただし、訓令には見られない「図書選択の原則」として、「社会の希望と必要」とに配慮した図書選択の重要性が語られている。田中によれば、「社会の希望」を顧みずにただ社会を改良しようという目的で書籍を購入するときは、どんなに巧妙な収集でも、その本を読もうとする読者はいなくなってしまう。これは図書館の目的に合致していない。反対に、何もかも「社会の希望」に従ってしまえば、図書館の蔵書の質が低下したという誹《そし》りを免れない。図書館長の任にある者は他の忠告にも耳を傾けるべきだが、同時に自らの見識によって取捨選択を加え、中庸の立場から蔵書を構築していかなければならないと述べるのである(『図書館管理法』)。上から良い本を押し付けても読者は顧みず図書館にも来なくなるというのは一つの見識であろう。

ただ、これを田中の図書館思想の独自性に帰すのは適切でない。『図書館管理法』があくまで文部省編である以上、「社会」への対応は次の時代に向けた図書館界全体の課題として捉えておくべきだろう。日露戦後から大正時代にかけて、農村の疲弊や都市の貧困対策、選挙権の拡張要求など、いわゆる社会問題が相次いで発生したことから、この時期の思想の特徴はしばしば「社会」という価値の発見として描かれる(飯田泰三『大正知識人の思想風景』)。

田中稲城が『図書館管理法』で述べた「社会の希望と必要」という参照軸も、大正時代以後の新たな時代に向けての図書館の課題を的確に捉えたものであったと考えておきたい。

図書館標準目録

東京市内における図書館の普及も、図書館設立の訓令も、いずれも出版をめぐる大きな変化と対応していた。一九〇九年以後は、実業之日本社が雑誌の返品制を導入したことにより、地方の書店では思い切った雑誌の仕入れが可能となり、東京の雑誌が全国に流通していく契機となった（長尾宗典「明治後期の地方雑誌メディアにうつる「都市」」）。明治末期には年間の出版点数が増大したばかりではなく、新聞の新刊広告や批評なども相まって出版流通市場の全国化が起きたといえる。

このようななか、日本文庫協会も活動を活性化させていった。帝国図書館開館式に合わせて第一回の全国図書館大会を開催すると、以後も毎年全国大会を開いて、東京だけでなく各地の図書館員の連絡や交流を図るようになっていった。一九〇七年一〇月には念願の機関誌『図書館雑誌』の第一号を発行し、会の名称も翌一九〇八年二月に日本図書館協会と改められた。以後、日本図書館協会は全国の図書館をまとめる組織として活動を拡大していった（『歩み』本篇）。

出版流通の全国化という状況が進行するなかで、地方の図書館員からは、図書館が最低限備えておくべき本に関心が寄せられるようになった。蔵書の選択は各図書館の裁量によるが、それでも必要不可欠な図書には何があるかを知りたいというわけである。全国組織となった日本図書館協会には、図書館に備え付けるべき標準的な図書を一覧できる目録編纂と発行が求められた。この問題は第二回全国図書館大会で審議されたが、翌年に持ち越され、一九〇八年一一月の第三回全国図書館大会では国庫の補助を仰ぐべきとして「標準目録に関する建議案」を可決、一一月二六日に、会長の市島謙吉《いちしまけんきち》の名で提出された。これを受け一九一〇年七月に田中稲城、和田万吉（東大）、市島謙吉（早稲田）、渡邊又次郎（日比谷）、今井貫一《いまいかんいち》（大阪府立）、湯浅吉郎《ゆあさきちろう》（京都府立）、佐野友三郎（山口県立）の主要図書館長が文部省に集まって図書館長会議を開き、図書館標準目録の作成方針について協議した。八月、図書館長らはそのまま起草委員となり、目録編纂に着手。一九一一年一〇月に『図書館書籍標準目録』が国定教科書共同販売所から発行された。一般書類、神書・宗教、哲学・倫理、教育、文学、語学、歴史、伝記、地誌、政治、法律、経済、社会、統計、数学、理学、医学、工学、美術・諸芸、兵事、産業・家政の二一項目と「附録　少年用書籍」の分類に分け、書名、著者名、発行地、発行年、版数、冊数、大きさ、表装、発行所、価格などにつき一〇〇〇冊程度の図書の情報を掲載している。この目録はその後も加除、追加第二が発行され、以後毎年一年分を一冊ずつ刊行。一九二三年以後は年二回の発行となり、一九三七年まで継続して発行された（石井敦「一九一〇年代における図書選定事業」）。

最初の『図書館書籍標準目録』のなかから主な書名を抜き出してみよう。一般書類では『群書類従』のほか、『大西博士全集』『樗牛全集』『福澤全集』などの思想家の全集、加藤弘之の『天則百話』と福澤諭吉の『福翁百話』などの随筆がある。文学では島村抱月の『近代文芸之研究』や夏目漱石の『文学論』、芳賀矢一《はがやいち》の『国文学史十講』、徳冨蘆花の『自然と人生』、綱島梁川の『梁川文集』、尾崎紅葉の『紅葉全集』が見られた。また政治では浮田和民の『倫理的帝国主義』や上杉慎吉の『帝国憲法』、美濃部達吉の『日本行政法総論』が挙がっている。

社会主義文献の取り締まり

一九一〇年六月、大逆事件の検挙が始まった。文部省は地方長官に公立図書館、学校図書館に内務省が発売頒布を禁止した書籍を閲覧させないように通牒し、とくに社会主義書籍の取り締まりを強化した。

帝国図書館文書には『出版物検閲通牒綴』と題する簿冊が一九一〇（明治四三）年分から残されている。一番古い日付の文書は、文部省の専門学務局長から帝国図書館長宛の八月五日付の通牒である。通牒の内容は、帝国図書館が作成して専門学務局に送付した「社会主義に関する図書取調書」に対する回答であった。調書に記載された本は、帝国図書館で保存すること、「特殊の学者」の希望があれば見せても差し支えないが、一般公衆には閲覧させないようにすること、今後も類似の書籍があれば同様に処理することが指示されている。また追伸として閲覧用の目録から掲載図書の削除が指示されている（『出版物検閲通牒綴』明治四三年）。閲覧制限が加えられた書籍には幸徳秋水《こうとくしゅうすい》の『帝国主義』や『社会主義神髄』、木下《きのした》尚江《なおえ》の『火の柱』などが含まれていた。

問題があるとされた書籍を閲覧者に見せないよう処理していたわけだから、帝国図書館自身が、検閲に深く関わっていたことになる。以後も、風俗壊乱または安寧秩序を妨害したという理由により発売禁止となった図書は、目録から削除するように指示されている。『出版物検閲通牒綴』は一九一〇年以前は存在しないので、この年から編綴が開始され、業務に使用するようになったと考えられる。大逆事件を契機とすることは明らかである。以後、帝国図書館で読むことが出来る本には一定の制限が課されるようになっていった。

従来、出版法によって発売頒布禁止処分が下された書籍の名前は『官報』に登載されていたが、この頃から方針が変更され、禁止図書は官報公示されなくなり、秘密裡に処理されるようになった。

発売前または発売直後に禁止処分となった図書が内務省から帝国図書館へ交付されることはない。しかし、大逆事件に際しては一度検閲を通過した図書が遡って秘密裡に発売頒布禁止処分に付された。帝国図書館に交付済の内交本が遡って禁止対象となった場合、該当する書籍を帝国図書館が気づかずに閲覧目録に載せていたら問題になる。内務省から文部省を介して帝国図書館に発売頒布禁止処分の書名のリストが回付されるようになるのは、右の発売頒布禁止処分の手続き変更と連動していたと考えられる。以後、帝国図書館では、問題の図書は「所蔵すれども閲覧に供せず、閲覧目録に残さず」の方針で処理することが常態化していった（大滝則忠「図書館と読む自由」）。帝国図書館では通牒があった資料は書架から引き抜き、原簿からも記録を抹消して保留本として閲覧を禁止し、図書館内で別途保存した。なかには、内務省に返却した事例もあった（大塚奈奈絵「受入後に発禁となり閲覧制限された図書に関する調査」）。

一九一〇年一一月の『図書館雑誌』第一〇号には「某館々員日記の一節」と題した記事が載っている。某図書館で発見された昔の執務日誌を紹介する体の文章で、某年某月の記述として、「○○主義書籍発売禁止談話最も花を咲かす。あんな事をしたとてと云う論といやあでもせねばと云う論との対決遂に無勝負に終る」「午後二時部長殿、館長殿の室に呼ばれて何やら相談あり。後に聞けば其筋の内諭ありとて閲覧室備の書籍中○○主義の臭気ある分は取調べて引込ますべし」といったことが描かれている。

当時、館長職のほかに部長職を置いていた図書館となると舞台は帝国図書館の可能性が高く、記事の執筆者も『図書館雑誌』の編集を担当した太田為三郎ではないかと推測される。とすれば登場する館長は田中稲城ということになるが、実際にあった事実と断定する手立てはなく、想像の域を出ない。ただ、当時の図書館界の雰囲気を伝える興味ある記事である。

コラム5　日本人の読書習慣

帝国図書館の新館開館式の席上で田中稲城帝国図書館長が行った演説のなかに、ちょっと気になる一節がある。

来観人中、学生の数多きを以て、世或《あるい》は図書館の利用を疑う者あり、然れども、読書研究家の青年学生中に多きは、恐くは各国とも同一状態ならん、況《いわん》や本邦人の如く、特に読書習慣に乏しき国民に於てをや（『略史』）

図書館の利用者が学生や受験生ばかりではないかという批判に対する反論部分である。田中はここで、読書する者や研究する者に青年学生が多いのは各国共通であろうというのだが、問題はその後の「本邦人の如く、特に読書習慣に乏しき国民」という箇所である。江戸時代から日本人の庶民の識字率が高かったという説に対しては、全国一律ではなく地域差が存在したこと、明治に入っても義務教育が浸透するまでの間は一定数の非識字層がいたという批判がなされている（リチャード・ルビンジャー『日本人のリテラシー』）。それにしても帝国図書館長が日本人には読書習慣がないと、よりによって帝国図書館新館の開館式で断言しているのは、穏やかではないといえよう。

初等教育の整備がある程度終わる日清戦争後まで、全国各地の図書館の設置が微々たるものだったことは事実である。大正時代になっても、日本人一般に図書館の意義が伝わっておらず、図書館の利用は少なかった。その主要因を、日本人の読書習慣の欠如に求める言説は、図書館関係者の間に少なからず流布していた（田中敬『図書館教育』）。地方改良運動を通じて増えた各地の図書館は、読書趣味の涵養に成功しただろうか。その点からいうと、帝国図書館は参考図書館を志向し、小説の利用も制限していた。受験勉強のために参考図書からノートに抜き書きを作成する利用者も、読書を楽しんでいたというのとは少し違うように思える。明治三〇年代になると、電車内で本を読む乗客が登場してくるが（永嶺重敏『〈読書国民〉の誕生』）、図書館で本を「読む」ことの成果はいかほどのものだったか。逆にいつから日本人は読書が好きだという観念が成立したのか。これといった指標がなく、評価も難しいが、図書館の歴史を考える上では重要な視点ともいえる。

第五章　逆境のなかの図書館

1　大正前期の帝国図書館

館史上の空白期間

一九一一（明治四四）年四月一日、帝国図書館内で司書官の西村竹間と司書の寺田実の還暦祝いの宴が開かれた。鹿島則泰らが幹事となり、館長以下館員が出席し、場所を料亭・伊予紋に移しての宴席には手島精一も参加しての和やかな会だったようである（西村正守「鹿島則泰覚書」）。職員が一丸となって帝国図書館を発展させてきた一つのピークがこのときで、大正以降の帝国図書館内の様相は大きく変化していった。『略史』や『三十年史』で多くの紙幅が割かれて論じられるのは明治時代までで、大正時代以降の帝国図書館の記述は乏しい。未刊の「帝国図書館沿革史案」でも、大正期最大のトピックは一九二一（大正一〇）年の田中稲城の退任で、そこに至る期間は目立った記事は見られない。

大正前期の帝国図書館は、安定期とも停滞期ともいえる評価の難しい時期である。古書の収集に関しては、鹿島則泰の積極的な活動で徳川時代の名家の稿本類などが進められた。鹿島の恩師の一人であり、明治時代に活躍した国学者の小杉榲邨《こすぎすぎむら》旧蔵書が、一九一三年以降数度にわたって購入されたほか（大沼宜規「国立国会図書館所蔵小杉文庫について」）、一九一五年には美術史家の今泉雄作《いまいずみゆうさく》所蔵の茶道関係書籍が寄贈されている。和古書コレクションが大きく発展した時期といえる。

他方、問題は山積みであった。新館開館後もほどなくして閲覧者は満員状態となり、資料を収蔵する書庫は満杯に近づいていた。年報では毎年書庫の増築と二期以降の工事の完成が急務であると上申されながら、本格的な増築の経費は予算化されない状況が続いていた。一九一三年には、本館の西側の敷地に木造二階建ての別館を建て、閲覧者を収容したが、ほとんど焼け石に水だった。

世代交代、人事異動もあった。田中稲城館長とともに東京図書館の時代から図書館の業務を支えてきた有力な職員が相次いで帝国図書館を去ったのである。まず、一九一三年三月末をもって西村竹間司書官が退官した。西村は東京図書館と東京教育博物館の合併時代から図書館に勤務し、庶務部門をまとめながら三〇年にわたり田中館長を補佐してきた人物である。西村に代わり司書官には村島靖雄《むらしまやすお》（一八八五〜一九三六）が任官した。村島は、東京帝国大学文科大学史学科の出身で、当時文部省の専門学務局に勤務していた。帝国図書館勤務を経て後に図書分類法の専門家となった人物である。なお、西村の退官は第一次山本権兵衛内閣における行政整理の一環だったらしい。もう一人の司書官である太田為三郎はこの人事に不満を持ち、「図書館の蔑視さるる事慨嘆に不堪《たえず》、館長の無気力も亦甚しというべし」と日記に書いたという（「図書人を偲ぶ座談会」（二）『図書館雑誌』第三五巻第四号）。太田は閲覧部門で力を発揮し、独力で『日本随筆索引』や『帝国地名辞典』等の参考図書類をまとめたが、彼も帝国図書館を去る。一九一四年に台湾総督府図書館が設立されると渡台し、当初は嘱託として、一九一六年からは二代目館長として一九二一年まで同館に勤務した。太田の後を継いで一九一六年からは、東京帝国大学理科大学物理学科を卒業した理学士の高橋好三（一八八八〜一九四二）が司書官となり、一九四〇年まで勤め上げた。

図書館の全国的展開

大正期になると、帝国図書館だけでなく日本図書館協会も新たな体制を作っていった。協会は、一九一三年六月、臨時総会を開き、図書館運動の全国的な拡大を促す目的で会長の上に紀州徳川家の徳川頼倫を協会の総裁として推戴することを決定した（『歩み』本篇）。この目論見は奏功し、大正期以後の各地での図書館の設立の機運を醸成したと考えられる。全国の図書館設置数は大幅に増加しつつあった（表参照）。

一九一四年、天皇即位大礼にあたり奉祝の意を発表するため、図書館協会でも何らかの事業を行うべきだという動議があり、『図書館管理法』の記述をよりわかりやすくした本を刊行するとして、東京帝国大学附属図書館の和田万吉、植松安《うえまつやすし》に、帝国図書館から司書官の村島靖雄と太田為三郎らが加わって『図書館小識』を編集した。

以後、大正期を通して図書館関係者による図書館経営や教育に関する著作が複数発行されていく。とくに府県や主要都市に図書館が建設され、図書館専門家が図書館の要素を紹介し始める一九一五年から一九二二年ごろまでは「図書館学の啓蒙期」とされている（武居権内『日本図書館学史序説』）。この間刊行された著作に植松安『教育と図書館』、田中敬『図書館教育』、佐野友三郎『米国図書館事情』、竹貫直人『児童図書館の研究』などがある。

年	官・公立	私立	合計
1899	13	25	38
1904	31	69	100
1909	98	183	281
1914	246	379	625
1919	759	600	1359
1924	1667	1270	2937

全国の図書館設置数　『日本帝国文部省年報』より作成

家庭や学校外で行われる教育活動を社会教育というが、図書館が社会教育（当時、社会主義を連想させることから「社会」の語が忌避され「通俗教育」とも呼ばれた）にとって重要だという認識も、大正期になって広まった。東京帝国大学附属図書館長の和田万吉は東京帝国大学文科大学の国語学第一講座で、一九一九年から書史学を講じ、その成果を『図書館管理法大綱』にまとめた。和田はこれらの著作・講義のなかで繰り返し図書館は社会教育の中心であり、地方文化の木鐸《ぼくたく》であると語っていった。

文部省でも通俗教育の改善が検討されるようになった。一九一八年一〇月、文部省から臨時教育会議に対して通俗教育の改善点につき諮問がなされると、会議は一二月に一一項目からなる答申を行った。答申には、文部省内に通俗教育の主任官を設置することや、積極的に「善良なる読物」を供給し、出版の取り締まりを強化すること、図書館蔵書の取り締まりに注意することなどが盛り込まれた。同年七月、富山県で米騒動が起こって全国に拡大しており、社会の動揺を安定させることが教育でも目指されていた。米騒動で退陣した寺内内閣の後を受けた原敬《はらたかし》内閣でも、教育改革を重要な政策の一つに位置づけていた（清水唯一朗『原敬』）。文部省内の普通学務局に通俗教育を専管する第四課が設置され、乗杉嘉寿《のりすぎよしひさ》が課長に就任した（『日本近代教育百年史』第八巻）。一九二一年、文部省は通俗教育を社会教育と改称。二四年には社会教育課を設置し、乗杉を初代課長として社会教育行政を展開していく。こうして大正時代を通じて図書館は社会教育機関として積極的に位置づけられていった。

大正前期の利用傾向

「帝国図書館沿革史案」の大正期部分には目立った記事はあまりないと書いたが、そのなかで目を引くのは、「閲覧状況」における次の記述である。

三年〔大正三年＝一九一四年〕医術開業試験廃止の結果この方面の閲覧者減少す。
五年〔大正五年＝一九一六年〕従来長年に亘り閲覧傾向の最高位は六門〔数学、理学、医学〕にして三門〔文学、語学〕は次位なりしが、この年より三門が最高位となり六門之《これ》に次ぐ、この傾向は支那事変勃発後産業部門の閲覧傾向の急進する迄保《までたも》たる。

医術開業試験が実際に廃止になったのは一九一六年であるから、この二つの記事は相互に深く関連しているというべきだろう。

医術開業試験は、一八八三年の医術開業試験規則によって実施された試験で、年に二回実施された。一九〇六年の医師法により、猶予期間を設けたのちに撤廃が決まり、最終的に一九一六年に廃止された。それまでの開業試験では、受験資格には一年以上の「修学」が定められたのみで、実質的には学歴・年齢による受験制限のない試験制度であったので、「立身出世の捷径《しょうけい》」とされた。廃止までに総数二万を超える医師を生み出した制度であった（橋本鉱市「医師集団と非学歴層」）。家が貧しかった野口英世が医者になれたのも、勉学に励んで医術開業試験に合格したからである。野口英世が帝国図書館に通った記事はないが、彼と同様に医師になるため受験勉強する者が大勢帝国図書館に通い詰め、医学系の本を借りて勉強していたわけである。また、直接関係するかどうかは不明だが、一九一六年には破損が激しい学校講義録等およそ三〇〇〇冊が廃棄処分となっている。一つの時代の転機であったといえよう。

一方、第一次世界大戦が帝国図書館の利用傾向に影響を与えることはあまりなかったようである。日比谷図書館では水野広徳《みずのひろのり》の『此一戦』や桜井忠温《さくらいただよし》の『肉弾』さらに有賀長雄《ありがながお》『最近三十年外交史』などが引っ張りだこなのに対し、上野の帝国図書館では戦争物や外交史の利用はとくに多いわけではなかったとの報道がある（「戦時の図書館巡」『時事新報』一九一四年九月一日、同三日）。翌年六月の『国民新聞』記事によると、帝国図書館では、ノーベル文学賞を受賞して時の人となっていたインドの詩人タゴールの著作と、徳富蘇峰《とくとみそほう》の『世界の変局』が非常に読まれていると報じられているが（「読書の傾向」『国民新聞』一九一五年六月一六日）、いずれも何回程度借り出されたかの記録はない。

医学から文学への転換のなかで、文学者の卵たちの来館も増えたようである。作家デビューする前の江戸川乱歩《えどがわらんぽ》は、映画監督を目指して一九一七年六月から七月にかけて帝国図書館に通い、活動写真関係の洋書を読んでいた（藤元直樹「乱歩と活動写真」）。宮沢賢治《みやざわけんじ》も、一九二一年に上京した際に帝国図書館に通ったとされている。

婦人閲覧室の利用者

帝国図書館においては、大正期を通じて女性の利用が増加していた。「帝国図書館沿革史案」でも「八年〔大正八年＝一九一九年〕婦人特に女生徒の来館者増加す」とある。同様の傾向は新聞記事などからもわかる。もっとも、男子生徒に交じって図書館に通う女学生がいまだ好奇の目で見られていたことも確かで、婦人閲覧室は家庭の主婦が使えるような環境にはなかったといえる（宮崎真紀子「戦前期の図書館における婦人室について」）。

帝国図書館の新館開館当時は、特別閲覧室の一部分を仕切って婦人閲覧席に充て、定員を二〇名としていた。新館開館直後の婦人閲覧席は日に二、三名の利用だったが、一九一二年には、女子大学生、女子医学生など一日平均一一、二名が来館し、青鞜社の平塚《ひらつか》らいてうも来ていた（「暮の図書館」『読売新聞』一九一二年一二月二一日）。一九一三年に別館の木造閲覧室が完成すると、その一部を婦人閲覧室に充てて席数を増やしたので、その後女性の利用者は増加した。司書である浅見悦二郎の談話によれば、一九一六年の婦人閲覧室は次のような状況であったという。

婦人閲覧室（大正期〜昭和初期?）　国際子ども図書館ウェブサイト「建物の歴史」より

閲覧人は毎日平均二十人位で、女学生の来るのは、日曜か土曜が多いようです。他の日には医者の試験を受ける人、それも此頃は主に歯科の人が多いようです。次に女の絵師が古代の衣装を調べたり粉本を見に来ます。其他編纂の助手らしい新古様々の書物を抜《ばっ》萃《すい》したり写したりする職業の為に来る婦人も大分見掛ます。此等《これら》は、十七八から廿四五歳位の若い婦人の多い中で、大抵三十歳以上の婦人です。読む書物は婦人だけで統計が取ってないので明瞭に云えませんが、家事に関した書籍が一番多いようで、小説類はそれ程でありません、猶《なお》閲覧人の数は年々多くなるような傾向です（「婦人の読書欲」『読売新聞』一九一六年三月七日）。

一九一七年の夏には、哲学者のショペンハウエル『意志と現識としての世界』（姉崎正治訳、博文館発行）を合計一七回も求覧し、二週間半通って読んだ寺の若い令嬢がいたという（「婦人と夏の読書」『読売新聞』一九一七年七月一八日）。高等女学校の教員検定試験を受ける者が勉強に来る例もあったようだ（「どんな書物を婦人は読むか」『読売新聞』一九一八年一二月二日）。

一九一五年に上京した吉屋信子《よしやのぶこ》は、小説研究のため『紅葉全集』を読破しようと上野に通ったという。しかし、「第一日か二日目で、すっかりいやになって通うのを止してしまいました」というほど、彼女にとっては館内の印象は悪いものだった。彼女には、薄暗い地下の入口にいる下足番も官僚的に威張っていると感じられ、本の受け取り場所も「裁判所の判事や検事でも控えているような高いところでこちらはおさばきを受ける人民みたい」だと感じられた。それでも我慢して『紅葉全集』を借りて読むと、向こう側の席の年配の女性が、産婆の試験の本の上に突っ伏して居眠りをしており、「憂鬱」な気持になったという（吉屋信子『処女読本』）。

書庫、ついに限界を迎える

一九〇六年に第一期工事が完成した帝国図書館では、とくに書庫部分に十分な場所が確保されなかった。それゆえ、年々増える蔵書の収蔵場所は大正期に入ると限界に達した。一九一四年一月三〇日には、乙部担当者の寺田実と鹿島則泰が「内務省交付乙部図書の内廃棄書類取扱規定」の制定を館内に諮り、決裁を受けている。それによれば、内務省交付本のうち、卑近な内容で当館に無用の書類や紙質が悪く保存に適さないものは従来から廃棄してきたが、今回新たに乙部の教育書類も同様に手順を決めて処理したいというのである。

廃棄手順の要項は以下の通りである。まず、内交本乙部図書のうち、教育書、掛図のほか、紙質が粗悪で保存に適さないものはすべて廃棄する方針とする。内交本の受理担当者は、受理した日に廃棄する分の総数を受け渡し簿に記入して乙部担当者へ引き渡す。乙部担当は廃棄目録に記入し、教育書は適当な時期に教育博物館に、それ以外の書物は別置して一年に一度処分する。廃棄図書の目録はカードに書名、著者名、出版年月と冊数を記入して乙部担当者が保管するというものであった（帝国図書館文書『館内諸規程職員分課等』）。

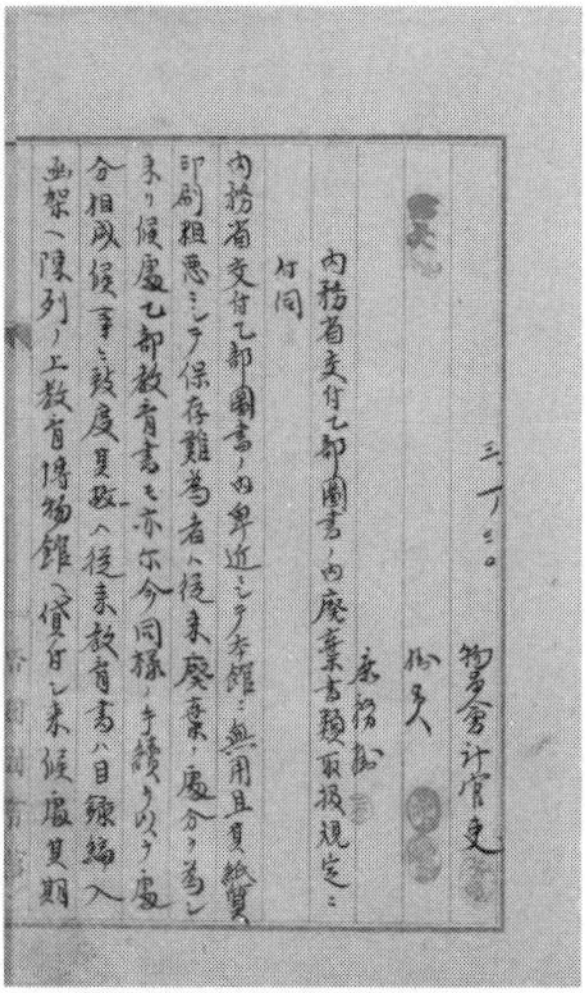

乙部図書廃棄に関する伺書類　帝国図書館文書「館内諸規程職員分課等」より

図書以外でさらに扱いが問題となったのは新聞である。『台湾日日新報』や『台湾新報』などは、帝国図書館から台湾総督府図書館に寄贈されていたが、それ以外に外務省から外字新聞の寄贈を受けるようになり、ますます書庫に余裕がなくなった。一九一六年の『万朝報』六月一〇日の夕刊では、上野図書館で図書の置き場に窮していることが報じられた。帝国図書館では年間に二万冊程度本が増加しており、なかでも新聞は発行者が増え、夕刊も発行されるようになったことで、従来三ヵ月に一度製本していたものを月一度は製本しなければ間に合わなくなった。書庫内にはもはや新聞を置く場所がなく、裏の倉庫に入れていたがそれでも一杯になってしまい、帝国図書館内では、新聞は発行地で保存してもらうようにしようとの議論が起きたという。万朝報記者は「それにしても日本一の大図書館が僅か五十万位の図書の仕末に窮すると云うのは心細い次第である」と書いたが、この危惧は現実化し、一九一五年三月以後、段階的に新聞の保存の停止、購求の停止、閲覧停止と別置保存などが決められていった。とくに外地で発行される日本語新聞や業界紙、地方紙が保存の対象から外されていった（西村正守「文書に見る帝国図書館の新聞収集」）。

この事態を受け、田中館長は一九一八年七月と翌年六月の二度にわたって、帝国図書館増築に関する要望を本省に上申した。一九一九年には収容の限度をすでに二万冊ほど超えており、来館者も収容できない有様となった。「今や全く収容の余地なきに至らんとしつつあり仍《よ》って出納上の支障益々甚しく今後増加の図書は終《つい》に公衆の閲覧に供する能わざるに到るべし、是に於て世論の沸騰を来たすは必然にして今より憂慮措《お》く能わざる所なり」として次年度の増築予算計上を訴えた（国立国会図書館総務課所蔵『明治二八年〜昭和六年上申並伺綴込』）。しかし、田中の願いはまたも黙殺された。かろうじて実現したのは、一九二〇年度の木造閲覧室の増築工事のみであった。

2　第一次大戦後の図書館

図書館員教習所の設置

蔵書の数が膨大になればなるほど、図書館員には資料についての知識が求められるようになり、利用者が的確にアクセスできるようにするためにも、一定の基準に基づいた整理が必要となる。そのためには技能の習熟が必要となる。米国では、一八八七年にメルヴィル・デューイによってコロンビア大学に図書館学校が設立され図書館員養成が進められていた。日本でも、大正時代に図書館の数が増え、サービスが拡大していくなかで、専門性を持った図書館員の養成が問題となった。だが、図書館員向けの講習は、日本文庫協会が一九〇三（明治三六）年に第一回講習会を開いて以後停滞していた。ようやく慶應義塾の図書館で日本図書館協会主催の第二回図書館事項講習会が開けたのは一九一六（大正五）年になってからのことだ。この間も、文部省では小規模な図書館講習会を開き、新潟や金沢など地方で講習会が持たれたが、いずれも単発に終わり、定期的な開催とはならなかった。

一九一八年六月、文部省は、全国の府県立図書館長を集めて会議を開いた。主な議題は図書館に備え付けるべき図書の選定方法について議論することだったが、このとき同時に図書館員養成の機関を設けることも決議された。一九二〇年には、日本図書館協会の評議員会でも図書館員養成の問題が取り上げられた。

ここで登場するのが、文部省普通学務局第四課長の乗杉嘉寿である。乗杉は一九一七年から欧米の社会教育を視察して帰国した。彼は欧米で図書館が整備されていることはもちろん、中等以上の教育課程で図書館従業員の養成が行われていることにも着目した。そして「図書館事務を生命とする人々の養成を為すこと」を自らの課題として帰国したのであった（坂内夏子「図書館員教習所設置の意義」）。

やり手で「脂乗杉」なる異名もあった彼は、早速図書館員養成の学校設置に取り掛かった。ところが学校の新設となると文部省内でも容易に決裁がおりず、乗杉は省内の抵抗に遭う。乗杉の部下で原案の起案にあたった川本宇之介《かわもとうのすけ》によると、図書館員の養成施設は日本図書館協会のほうで開設し、文部省が経費補助をする案も出たという。しかし、この方法は会計法規上困難という結論に至り、最終的に文部省で開設することになった。中橋文部大臣の決裁が下りたのは一九二一年三月末のことで、教習所は六月一日から開設と決まった。短期間の募集で人が集まるか懸念されたが、三五名の入所者を得た。

次の問題は教室である。乗杉らは帝国図書館内が適切と考えていたが、帝国図書館はもはや書庫も閲覧室も限界に達しており、余剰のスペースは存在しなかった。ゆえに田中館長は帝国図書館の提供を頑なに拒否したのである。乗杉は後年、「当時の帝国図書館長田中氏はなるほど斯界《しかい》の権威でありその壮年期に於ては駿才逸足と言われた位の人物であったが、晩年やや老衰の傾向であり、如上の余の新施設に対しては何等理解も同情もなかったのである、勿論図書館が狭隘であった事にも依るであろうが、本家本元の当事者に於てかくの如く無関心であった」（乗杉嘉寿「図書館講習所創立当時を偲びて」『図書館雑誌』第二五巻第六号）と言っている。文部本省と田中稲城の対立は深まる一方だった。一九二一年の教習は東京美術学校の教室を借りて開講することとなった（一部の実習科目のみ、帝国図書館を使用した）。

図書館員教習所は乗杉が所長となり、川本宇之介が主任となった。講師には日本図書館協会の主要メンバーが集まった。東京帝国大学図書館の和田万吉が目録法及び図書館史を、帝国図書館の村島靖雄が分類法を、東京市立日比谷図書館の今沢《いまざわ》慈海《じかい》が図書館管理法を、元台湾総督府図書館長の太田為三郎が図書館管理法や目録法を講じた。六月一日に開所式が開かれ、中学校または高等女学校の卒業者ならびに現職者を受け入れた。

修了年限は一年。英語は週三時間、目録法は週五時間というように科目ごとに教授時間が定められて時間割が組まれ、受講者は月曜から土曜まで朝から授業を受けた。初年度は四〇週間で翌年の三月末まで授業が行われた。なお、将来の図書館業務には女子の採用も増えるという理由から男女共学の学校とされたので、当時珍しい取り組みとして評価された。

一九二二年四月、教習所は男子一三名女子四名の卒業生を図書館界に送り出した。同年五月に二期生を受け入れ、教室は美術学校から帝国図書館の一室に移された。これに先立つ一九二一年の一〇月には波多野賢一や秋岡悟郎ら一期生が卒業後も図書館界のために努力し、相互の連絡を図るため同窓会の組織を検討した。当局もこれを支持し、一一月に美術学校で創立集会を開催し、芸艸会《うんそうかい》が誕生した。以後、在京委員による新入所者歓迎会や会報の発行が行われた（『図書館職員養成所同窓会三十年記念誌』）。

田中稲城の退任

東京図書館時代から数えて三〇年にわたって館長の職務を勤め上げてきた田中稲城は一九二一年一一月、依願免官となった。六五歳のときである。再三にわたる増築要求が容れられず、また乗杉ら文部本省から図書館員教習所の場所提供を強いられるなかで疲れ果ててしまったのだろう。

後任館長には東京高等師範学校教授の松本喜一（一八八一～一九四五）が選ばれた。この報がもたらされると、帝国図書館ばかりでなく、日本図書館協会をも巻き込んだ騒動へと発展した。松本は仙台の二高から東京帝国大学の哲学科を卒業した人物であるが、それまで群馬県や茨城県の師範学校で教育に携わってきた。図書館業務の経験は全くなく、図書館界との接点もなかった。帝国図書館には村島靖雄、高橋好三ら経験を積んだ司書官がおり、館員は彼らが昇格することを希望していたようである（「上野図書館の紛擾」『東京日日新聞』一九二一年一一月二二日）。また、日本図書館協会でも、東京帝国大学附属図書館長の和田万吉や、日比谷図書館の館頭の今沢慈海など、田中稲城と同じ時代に大学図書館、公共図書館を牽引してきた存在こそが新帝国図書館長にふさわしいという意見もあった。和田、今沢は松本喜一就任反対の急先鋒となった（『日本図書館協会百年史・資料』第一輯）。

帝国図書館内部の動揺も相当なものだった。青山大作《あおやまだいさく》は当時雇員だったが、館の上層部（判任以上の司書や書記と思われる）が地下の職員食堂に集まり、文部省の人事に抗議するため全員で辞表を出そうと話し合っていたと回顧している（青山大作『図書館随想』）。結局、本省から専門学務局長が帝国図書館に出向いて慰留・説得したので、帝国図書館の職員全員退職という異常事態は回避されたが、乗杉や文部省と親和的な松本新館長と、古参の帝国図書館員や日本図書館協会員との間には以後もしこりが残る結果となった。

田中は帝国図書館では館長室を設けず、他の司書と同じ事務室で仕事をしていた。目録にせよ分類にせよ担当の手に余るものは自ら処理していたという。長年一緒に仕事をしていた西村竹間が「一切の事務は自ら手を下して館員を督励せられたり」（西村竹間「田中稲城先生略事歴」『図書館雑誌』第二一巻第二号）と述べているのは、事実なのだろう。先の青山大作によれば、田中は「村夫子然」としており、毎日市電で出勤していたという（青山前掲書）。一方では、「精励恪勤の権化」「用心深い性格」で、館員が提出したものも必ず自ら推敲しなければ気が済まず、閉口することもあったと部下だった太田為三郎は記す。太田はまた「公私の別が甚厳重」で、「情実」は一切なかったとし、「予算要求の時など、此《この》性格の為に、思わぬ不利の立場に置かれた事も無いではなかった」と言っている（太田為三郎「自分の観たる田中先生」『図書館雑誌』第二一巻第二号）。鹿島則泰も「図書館に立派な先達的業績をあげられたが、部下の面倒見はあまり良くなかった」と評していたという（岡田温「昭和ひとけた時代の協会の思い出」）。そもそも自らの辞職に際し、日本図書館協会の総会で「図書館界後進の為に進路を開くと云う事は第一の希望なりしに、局外より後任者を出したるは頗る意外の事にして斯界の一大恨事」（田中稲城「惜別会謝辞」『図書館雑誌』第四八号）だと語りつつ、後任についての何らかの運動を文部本省と行った形跡は見られない。

一つだけはっきりしていたことは、田中退任と同時に、家族的雰囲気の下で行われていた業務が変質を余儀なくされたことだった。それは、帝国図書館が組織を拡大し、業務の能率化をはかっていくうえで当然経験しなければならない試練でもあった。田中にとっては、「図書館の建築が其四分一をも未だ完成する能わざる如く私の当初の抱負理想に於ても亦其《その》四分一をも成就する能わざる状態に在る」（同前）と述べざるを得ない、無念の退任であった。後に田中は郷里に戻り、一九二五年二月、病により世を去った。

松本喜一と田中稲城

松本喜一　『三十年史』より

松本喜一は館長事務取扱として、一九二一年一二月一日に初登館した。新聞の取材に応じて、自分は無経験者で適任とも思っていないが、「今日はどうこうするという べき時ではなく、館員先輩の諸氏の指導下に大いに勉強し我図書館界の為に一働きして見ようと決心した」（「批難に悩んだ新帝国図書館長」『読売新聞』一九二一年一〇月三〇日）と語った松本だが、内心は困惑し、複雑な思いでの初登館であったろう。

松本喜一はさまざまな面で田中稲城とは対照的な館長であった。田中館長時代、館長の席は他の職員と同じ事務室内にあったが、松本着任後は貴賓室が館長室に当てられることとなった。これは松本が望んだというよりは、周囲の配慮からであるらしい。松本の人となりについて、青山大作は、「さすがに師範学校長の職にあった関係もあろうが、もちろん天分でもあろう。演説も文章も非常に巧みで、また外交的、政治的の手腕にも長じており、今後図書館界において相当活躍する人であると感じさせられた」(青山前掲書)と述べている。

松本の演説が巧みだった話は、松本に仕えて昭和期の帝国図書館を支えた岡田温も述べている。また、松本は派手好みで英国紳士風であったとされ(岡田温「松本先生を思ふ」)、着る物にあまり頓着しなかった田中稲城とはこの点でも対照的だった。田中は、もともと強く求められるか本当に必要に迫られない限り、自己の見解を述べることを好まなかった。これに対し、松本は講演など対外発信に積極的だったので、田中と松本喜一の著作を比べるとその量の差は一目瞭然である。

一九二二年は書籍館から起算して五〇年の年だったので、帝国図書館では四月二四日の午後一時から創立五〇周年の記念式典を挙行し、職員含む五〇〇名が集まった。前司書官の西村竹間が、帝国図書館の隠れた文化史上の貢献について講演し、来館者はその後館蔵の貴重書五〇点と東海道五十三次の絵巻物の展示を見て散会した。田中より二五歳若い松本喜一新館長の前に課題は山積していた。前館長退任後の館内の荒んだ雰囲気を解消して組織の統一を進めるのはもちろん、反松本で一致した日本図書館協会幹部との関係改善も必要であった。

さらに、長年の懸案である施設の増築をどうするか。四〇代前半の新館長の手腕が問われていた。

関東大震災

明けて一九二三年一月、松本は専任の館長となった。三月二九日、帝国図書館は事務分掌規程を改訂、従来の図書部、閲覧部、事務部といった体制を改め、第一部（図書の注文・収受・目録・製本を担当）、第二部（蔵書の整理・保管・曝書・閲覧）の二部制と庶務・会計係からなる二部二係制に改めた（帝国図書館文書『館内諸規程職員分課等』）。

前途多難な松本喜一館長の前に、さらに大きな困難が立ちはだかった。同年九月一日、相模湾を震源とするマグニチュード七・九の大型の地震が関東一円を襲い、甚大な被害をもたらしたのである。関東大震災である。

当日の『宿直日誌』には、「本日正午近く未曽有の強震起り人心動揺甚し、暫くして火災所々に起り夜に入りて下町火の海と化す」「避難者陸続して山内に入り来り光景物々し」「警戒に全力を尽す、警報耳を打ち周囲益々混乱を極む、最大の不安の内に夜を徹す」とある。上野に避難してくる人が後を絶たず、帝国図書館の周辺にまで及んだので、松本は三日、東側の出入り口を開放して敷地内への避難者収容を指示。同日、赤司《あかし》鷹一郎《たかいちろう》文部次官からも指示があったため、四日から別館を開放して避難者の収容に当たった。二七日には避難者が最寄りの竹の台のバラックに移ることが決定し、同日付で三四世帯一五二名の連名で職員一同への感謝状が贈られた。九月二八日には「来十月十一日より開館す」との掲示が貼り出された。

震災により上野周辺にも大きな被害が出たが、帝国図書館の施設の被害は比較的軽微であった。焼失した図書は和漢書二三六部三一一冊、洋書五八部九六冊だった。いずれも特許貸出中のものと、外部の製本所に依頼して製本中のものだけで、帝国図書館にあったものは被害を免れている（西村正守「上野図書館掲示板今昔記　その三」）。一〇月一一日に業務を再開した帝国図書館は、一二月、江戸時代における震災資料の展示会を行ったところ、多くの関心を集め、多数の来館者を得た。

この震災により、大きな被害を受けたのは東京市内の図書館である。帝国図書館のあった上野公園周辺は高台にあったため火災を免れたが、深川、京橋、一橋などの区立図書館は火災に巻き込まれ、一〇万冊をこえる市立図書館の蔵書が焼失した（『歩み』地方篇）。大橋図書館も本館及び蔵書が焼失した。東京帝国大学も附属図書館は全焼、貴重な典籍が失われ、館長の和田万吉は引責辞任することとなった（薄久代『色のない地球儀』）。

この結果、被害の少なかった帝国図書館に利用者が集中し、ただでさえ閲覧室・書庫狭隘

入館待ちの人々の行列　『社会教育』第２巻第11号より

のため入場規制がかかっていた帝国図書館の入口は、連日大行列となった。朝の開館を待つ人が寛永寺のあたりまで行列を作ることもあったという。図書の出納にも時間がかかっており、三〇分から一時間かかることもあった。「仮に館外で三時間を待呆《まちぼう》け、中で一時間、都合四時間は誰でも空費する覚悟でなければ、希望の図書には有付けない」（「帝国図書館問題」『書物往来』第一六冊）という不満の声も聞かれるようになっていた。

女性の利用も増えた。「婦人側で一番多いのは女子高師、女大の連中でこれら婦人はその大部分が卒業論文の参考資料をあさりに来るので、一日に八十人から百人近くおり、それが土曜から日曜にかけては百四五十人にのぼり、わけても土曜の夜分は多い」（「入学難どころか図書館さえ満員」『読売新聞』一九二五年二月二五日）という状態だった。日露戦争の時期に一日二、三人だったところが、大正初期に二〇人に増え、さらに一五〇人にまでなったのだから、大幅な増加といってよかろう。

内務省との関係

関東大震災の被害は官庁にも及んだ。内務省では、火災により明治以来の納本出版物を収納していた書庫が全焼してしまい、検閲に用いられた正本だけでなく、帝国図書館に交付されなかった図書雑誌等も焼失した。

内務省の事務も混乱していたとは思われるが、ここに問題が発生した。内務省から帝国図書館への新刊図書の交付が行われなくなったのである。新聞報道によれば、内務省からの交付本が数年来途絶えがちであったが「震災後はぱたりやんで一冊も来なくなった」という。憤慨した松本帝国図書館長は内務省に抗議に赴いたが、その場ではあまりよい回答が得られなかった。さらに内務省側は出版法に納本図書の帝国図書館への交付が明記されていないことを理由にして、従来から行われていた帝国図書館への図書の交付を拒否した。

松本は、検閲事務が文部省から内務省の手に移った際、正本を内務省の書庫に保存し、副本は上野図書館に寄贈する約束が公文書をもって文部省と内務省の間で取り交わされていると主張する。それにも拘《かか》わらず内務省の態度は「たとえ公文書をとり交したにせよこっちから厚意で寄贈するので遣るも遣らぬもこっちの権利である」というもので、松本は「法律一点張りの没義道《もぎどう》な彼等の態度」には呆れるほかないと批判した(「新刊ものがなく図書館大弱り」『読売新聞』一九二五年八月一一日)。

法律に書いていないから帝国図書館に納本図書が来ないというのなら、法律に書きこんでもらえばいい。右のようなことがあったからと思われるが、松本は、一九二六年の第五一議会で出版物法案が取り上げられた際、内務省から帝国図書館への納本を明記するよう運動したという（鈴木宏宗「帝国図書館長松本喜一について」）。しかし、同法案は治安維持法と並ぶ言論取締法案として受け止められ、検閲の強化だとして議会内外で強い反対が起きたため審議未了となった。このため戦前において、帝国図書館への納本はついに法律上に明記されることはなかったのである（内川芳美『マス・メディア法政策史研究』）。

その後も松本は、内務省に納本された資料が帝国図書館に入ってくるよう尽力している。一九二八年九月には、従来交付が途絶していた納本雑誌を帝国図書館に交付する旨の回答を内務省から引き出している（帝国図書館文書『上野図書館沿革史料集』）。しかしそれでも雑誌の収集は完全からは程遠いものだった。『雑誌年鑑』を利用した調査では、ある一年間の帝国図書館の雑誌収集率は三割程度と推計されているからである（田中久徳「旧帝国図書館の和雑誌収集をめぐって」）。収集担当者だった岡田温は、雑誌は不揃いで、たまにしか来なかったと証言している（『岡田温先生を囲んで』）。

3　大正から昭和へ

松本喜一の訪米と図書館見聞

一九二六（大正一五）年八月、図書館管理法研究の目的で松本喜一の半年間のアメリカ合衆国在留が決定した（のちにイギリス、ドイツの視察も追加された）。松本は九月五日に出発したが、この訪米には、一〇月にフィラデルフィアで開かれるアメリカ図書館協会（ALA）五〇周年記念大会に日本代表として出席する目的も兼ねていた。松本はその後英国を経由し、各地の図書館を視察して一九二七（昭和二）年四月一三日に帰国した。松本の欧米視察は、図書館の知識が不足していた彼に多くの示唆を与え、独自の図書館思想が形成される契機となった。

松本の講演や論説は、図書の整理や分類など技術的な側面への言及がない代わりに、海外の例を参照して社会のなかの図書館の役割を論じるものが多い（鈴木宏宗「元帝国図書館長松本喜一著作目録」）。松本が、欧米訪問を機にとくに強調するようになった事柄として次の三つが挙げられる。

一つは、図書館の民衆化である。ここでいう民衆化は、多数の人に図書館に対する親しみを持ってもらうという意味で用いられており、特権階級だけが使える図書館、専門家だけが使い方を把握するような図書館のあり方が批判されている。そしてその民衆化を実現する方法は、学校の普通教育において図書館の事柄を教え、図書館が普及したアメリカなどのように、子どもの頃から「ライブラリー・スピリット」を養成することとして設定される。松本によれば、近年学校教育も大いに変容し、教員が口述したものを暗記するだけでなく、自学・自律的な学習が重視されつつある。そのために図書館の活用が不可欠であり、教育の力で自然と利用者が図書館に親しむようにすべきだというのである（松本喜一「図書館運動の民衆化」『社会教育』第二巻第一一号）。大正時代には「新教育」の名のもとに、画一的、注入的な知識詰め込み式の教授法を批判し、教員が児童の意欲を引き出し学習を補導する「自学」論が広がった（和崎光太郎「新教育」）。松本のいう「ライブラリー・スピリット」の養成は、彼の師範学校長としての経験に裏打ちされたものと考えられるが、大正新教育の思想を図書館と結び付けている点に特徴がある。

二つは、国際化である。これは松本自身のＡＬＡ大会への参加が大きく影響していると思われるが、第一次大戦後のベルギーのルーヴァン図書館復興や、関東大震災後のロックフェラー財団による東京帝国大学附属図書館の復興支援など、世界的な連絡のなかで図書館の支援が行われつつあることを松本はたびたび強調している。世界の図書館と比較すると日本の帝国図書館の蔵書は甚だ貧弱であるが、国際交換を推進し、世界のなかの日本の役割を発揮していくべきだと抱負を述べる（松本喜一「図書館事業の国際化」『社会教育』第四巻第六号）。

三つめは社会化である。松本は、図書館の利用の範囲を拡大させること＝社会化と規定した。社会化の方法は二つあって、一つは図書館内において開架を進めること。もう一つは家庭でも本を読む習慣を作ることである。そのため、巡回文庫、貸出の制度を整え、婦人にも読書の機会を提供すべきだとする。松本は学校を卒業した後、読書の機会を失う多数者を憂慮し、広く本を読む社会的な雰囲気を作っていくことが大事だと述べた（松本喜一「図書館の社会化」『函館図書館叢書』第九篇）。

松本の発想が学校教育との関係性に強く規定されているのは、彼の師範学校長としてのキャリアによるものだろうが、民衆化・国際化・社会化という方向は、のちに「利用者本位」というべき松本の図書館経営の姿勢に繋がっていった。

読書相談部の設置

この間、帝国図書館ではいくつかの人事異動があった。司書官だった村島靖雄は一九二四年一月に新潟県立図書館長に転出している。古書に精通した司書の鹿島則泰も一度退職して一九二三年から嘱託となった。鹿島は図書館員教習所で江戸時代の古典籍を教え、帝国図書館には一九三八年まで勤めた。

また、図書館員教習所（一九二五年より図書館講習所に改称）の卒業生が帝国図書館に採用されるようになり、人員も増加していった。とくに女性が採用されるようになったことで、館内の雰囲気も変わっていった。記録上では、一九一八年以後に小使や給仕として女性が採用されており、広義の帝国図書館女性職員の初期の例とされるが、図書館業務に直接従事する者では、一九二四年三月三一日付で採用された中木美智枝が最初の職員である。彼女は図書館員教習所の三期生で、帝国図書館に採用された教習所卒業生の第一号でもあった。中木は、鹿島則泰を補佐して古書の整理に力を発揮したが、一九三〇年に依願退職し、東洋英和女学院に転じた。また一九二五年九月には、図書館講習所四期生から河野不二が雇員として採用され、一ヵ月後に女性初の司書に任官している。彼女が東京女子大学を卒業後に図書館講習所に入った経歴を持つためと思われる。河野も一九二七年一〇月に退職し、以後母校の東京女子大学図書館に勤務した。その後も女性職員の採用は続き、一九四五年の八月までに雇員以上では五八名の採用があった（西村正守「帝国図書館婦人職員略史」）。

もう一つ、組織の点で注目されるのは一九二四年に読書相談部が設けられていることである。帝国図書館では明治期から問答板を用いた質問回答サービスを行っていたが、それを一歩進めて、書物探索のための索引の引き方や、書名の案内などを職員が直接対応するようにした。情報や資料を求める図書館利用者に対し、図書館員が事典や目録から必要な文献を回答したり、関連する情報を提供するサービスをレファレンス・サービス（参考事務または参考業務と和訳される）という。今日の図書館ではデータベースの検索支援も含め、重要な業務の一角を占めるが、読書相談もその一形態である。帝国図書館の読書相談部設置と前後して岡山県立図書館や日比谷図書館でも参考事務の取り組みが開始されており、一九二四年は「わが国（公共）図書館レファレンス・ワーク史における輝かしい出発点」として記録されている（稲村徹元「戦前期における参考事務のあゆみと帝国図書館」）。読書相談は、新聞でも利用者にとって時間と労力の節約になる新設備として期待が寄せられていた（「読書子を喜ばせる閲覧相談部」『読売新聞』一九二五年八月一六日）。

松本喜一と日本図書館協会

大正から昭和にかけて、図書館の増加にともない、帝国大学図書館相互の連絡組織など、日本図書館協会以外の図書館組織が各地に誕生し始めていた。なかでも顕著な活動をしたのが青年図書館員聯盟（青聯）である。青聯《せいれん》は、大阪で図書館用品専門店を営む間宮不二雄《まみやふじお》を中心に関西圏の図書館員が一九二七年に結成した団体である。日本図書館協会の組織も大正末期に変動があった。総裁の徳川頼倫が一九二五年五月に死去。協会創設者の田中稲城も同年二月に亡くなっていた。一九二六年、日本図書館協会は総裁に代えて新たに理事長制を導入。初代理事長となったのは大阪府立図書館長の今井貫一であった。関東大震災での打撃もあって、『図書館雑誌』の編集事務も大阪の間宮商店に移り、一時的だが日本図書館界の中心が大阪に移った観があった。

一九二八年の役員改選で、今井貫一の後の理事長に就任したのが、松本喜一だった。以後、松本は協会に積極的に関わるようになり、一九二九年には国際図書館連盟（ＩＦＬＡ）への日本図書館協会への加入を実現させている。

他方、同じ年の総会では、松本の発議による日本図書館協会社団法人化のための定款改正案に対し異論が続出して、審議が大荒れとなった。松本は、組織拡大の一方で協会の財政基盤が安定せず、文部省から補助金を受けている状態であることを踏まえ、社団法人になれば一層補助金が受けやすくなること、他の学術団体も法人組織であることなどを理由に挙げて社団法人化を提案した。しかし、若手の会員が法人設立という重大な議案を理事会のみで決定することに反発、審議は翌年に持ち越されるが、そこでも熾烈な議論が行われ、修正の上当局に提出することとされた。結局、文部省の許可が下りたのは一九三〇年一〇月であった。

松本は一九三〇年に一年間だけ理事長を退いたあと、一九三一年から再度理事長に就任、以後四選を果たして一九三九年までその職にあった。松本が理事長だった一九三〇年代は、図書館が自主性を失い、官僚の統制に従って戦時体制に協力する素地が作られていった時期として低く評価されることが多い。他方、松本が抜擢した岡田温ら帝国図書館の司書たちが、日本図書館協会が発行する『図書館雑誌』の編集や事務運営にも加わっていくようになった時期でもあった。

松本が理事長になったとはいえ、日本図書館協会内には「ただならぬ雰囲気」が存在していた（岡田温「昭和ひとけた代の協会の思い出」）。田中稲城の後を継ぐ和田万吉、太田為三郎、市島謙吉、橘井清五郎、今沢慈海、および図書館講習所同窓会の芸艸会員のグループは、度々松本を批判していた。彼らは明治からの古参の図書館員とその教え子たちで「伝統派」といえる。一方松本の周りに集まったのは文部省の若い担当者や早稲田大学図書館長の林《はやし》癸未夫《きみお》ら官僚・学校教員グループであった。さらに、それまで局外だった関西地方の図書館界も今井貫一や間宮商店を核に結集して一つの勢力となりつつあり、ある新聞はこの対立を「三つ巴の党争」とまで囃《はや》し立てた（「ライブラリ・オン・パレード」（上）『読売新聞』一九三一年五月一六日）。

悲願の増築竣工

帝国図書館は日に日に狭隘となっており、増築は悲願であった。本館のほかに木造で別館を建て事務室や閲覧室に充てて対処してきたが、それでも足らず、ついに事務室に書架を並べて増加図書を置く有様となった。関東大震災で閲覧者が増加したことによって、ようやく第二期拡張工事の必要性が認められ、一九二七年以後、二年連続で工事を起こすことが決まった（『略史』）。

工事は、一九二八年六月五日から起工、一九二九年八月に竣工して、外観を一新した。二九年の一〇月からは下足置き場も改修され、翌年竣工した。増築後は、一階に館長室・応接室・事務室と昇降機が設けられ、二・三階は閲覧室に充てられた。ただし、このときの増築も、閲覧室と事務室の一部が認められただけで、書庫の増築は叶わなかった。結局事務室を書庫に、応接室が事務室に転用される有様だった。

一九三〇年三月一五日に行われた増築落成式において、松本は、閲覧席は新たに四五〇席を加え、席数は一〇〇〇席になったがそれでもすぐ満席となってしまう状況を述べた。また、図書館の心臓というべき書庫については収容の余地なく蔵書七〇万冊中二〇万冊を防火の設備がない木造書庫に収蔵しているという現状の危うさを指摘し、当局ならびに関係各位の協力を願い「国立図書館」としての完成を期したいと挨拶した（『略史』）。

人事の刷新と組織の発展

新館の増築と並行して、松本が当初から意を用いていたのは人事の刷新だった。とくに帝国大学の卒業生を採用し、若手を司書に抜擢した。また、官制改正により司書の定員自体も増やしている。一九二九年に採用された岡田温は、「その頃の帝国図書館は極めて古風であって、学校を出たばかりの私などは、これでは全くたまらぬ、と思ったことも屢々《しばしば》で、毎日僅かに昼の休みに給仕君を相手にキャッチボールに肩の凝《こり》を癒す位が唯一の楽しみであった。それが翌四年の春には、先生の大英断を以て職員の年齢がずっと若返った。林繁三《はんぞう》氏が新進気鋭の司書官として迎えられたのもこの時であれば、又帝国図書館の生辞引的存在であった二三の長老連の退かれたのも此時であった。それからの帝国図書館は、月に歳に職員に若さと数とを加えてゆき、又一面に於て優秀なる上級職員は相次いで先生御推輓《すいばん》の下に地方館長へと巣立って行った」（岡田温「松本先生を思ふ」）と回顧している。

また、図書館界の外から松本館長が就任したことで、帝国図書館は属人的な業務から組織的な業務を行う図書館へと変貌したと考えられる。大正末期から諸官庁で能率推進が図られていたこととも関係するのだろうが、帝国図書館で幹部会議が開かれるようになったのである（国立国会図書館総務課所蔵『主任会議記録』）。確認できた範囲では、一九二八年一月一〇日の会議記録がある。定例化していくのは一九二九年一二月四日以後、月一回、第一水曜の午後一時から開催されたようだ。

会議記録からは、松本館長がリーダーシップを発揮して改革しようとした点が見える。一つが接遇面の改善で、下足番まで官僚的で威張っていると評された帝国図書館への反発を軽減させようというのである。松本は、一九二八年の第一回会議で、館を後援する「館友」の

増築後の建物と閲覧室　国際子ども図書館ウェブサイト「建物の歴史」より

組織化を提案したり、一九二九年二月一五日の会議では、玄関および出納係のように直接利用者に接する部門において「親切第一主義」の徹底を促している。この結果、入口や目録室の貼り紙の文体まで変更された（帝国図書館文書『閲覧室掲示其他閲覧室に関する事項』では一九三二年に「廊下の通行はお静かに」「室内の通行はお静かに」の掲示案が決裁を受けている）。ただ、実際の効果はどの程度あったか不明である。新聞記事ではそもそも満員で入館できないことに加え、希望資料が無いことや出納の遅さへの不満が目立つ。

一九三〇年の五月二七日、帝国図書館は事務分掌規程を改定し、組織は第一部から第三部までの三部と庶務係・会計係を合わせた三部二係体制となった。第一部は受入係、目録係、洋書係、第二部は函架係、製本係、相談係、計画係からなる。新設の計画係は、図書の展観、講演、講習会に関する事項を所掌し、嘱託の鹿島則泰が主任となっている。展示会を通じた図書館宣伝も、松本が力を入れた一つだった。第三部は書庫係、閲覧係からなる（帝国図書館文書『館内諸規程職員分課等』）。

コラム6　図書の出納と書庫環境

帝国図書館に関してしばしば引用される斎藤茂吉《さいとうもきち》の歌に、

図書館の出納をする少年がきびきびとしてゐたるうれしさ

という、一九四一（昭和一六）年一一月の作品がある。こうした少年もまた図書館の仕事を裏方で支えた者であった。出納手の数は、東京府書籍館の頃は四名、上野に移転して東京図書館として官制が独立したころには六名、日露戦争が勃発した一九〇四頃には一二名であったという。新館が完成した一九〇六には二四名に増員した。人数は大正後期にかけてさらに増加し、一九二九には最大四七名にまでなっていた。

図書出納員は一〇代の少年が多かったが、なかには長年出納員として勤務し、後に判任の司書に昇格して閲覧の重要事務を担当するようになった浅見悦二郎や河合謙三郎のような人物もいる。湯島時代からの図書館出納員をめぐる興味深い挿話の数々は西村正守「帝国図書館図書出納略史」に活写されている。

他方、図書館利用者の側には、新聞雑誌等に出納員の態度や出納時間に対する不満の投書をする者がいた。なかには、事務連絡のために会話しているところを仕事を怠けて雑談しているのではないかと憤慨する者もあったようである。

しかしこの書庫の出納作業、なかなか過酷な労働環境であった。

帝国図書館本館の書庫部分は三階の建物を八層に仕切り、図書の大きさに分けて資料を排架していた。エレベーターがないため階段で昇降せざるを得なかった。さらに本館の書庫部分の増築は認められず、木造で別館を建て増し、そこに増加図書を配置していたので、置き場所は分散されていた。そのため請求内容によっては、移動だけでも相当な時間を要した。一九三四年に作られた安川書庫には洋書が置かれたが、出納する側から見ると、書庫が一ヵ所にまとまっていないことの不便さはいよいよ甚だしかったともいえる。利用者は連日館外に行列をなすほどの満員。出納手たちは図書閲覧証に書かれた請求記号を正確に読み解きながら、資料を持ってくるほかなかったのである。雑誌の巻号を取り違えるなどの出納ミスもしばしば起きていた。

大正期の利用者のなかには、順番待ちで三時間、請求で一時間、資料が出て来るまでに一時間を覚悟しないと望みの資料にたどり着けないと語る者もいた。当時の人たちの労苦がしのばれる。

第六章　帝国図書館の黄昏

1　思想問題と図書館利用

「図書館の使命」と図書館記念日

本館増築後の帝国図書館の様子は「製本、写真、相談の諸係を新設或は拡充して館勢大に整う」(「帝国図書館沿革史案」)と記録される。一九三一(昭和六)年、隔月刊だった『帝国図書館報』は月刊となった。一九三二年には図書を複写するための撮影機器を導入し、翌三三年には館内に製本室を設け、それまで外注していた製本業務を館内で行えるようになった。また、一九三四年には増築後も依然として開館前に行列をなす人々を見て同情を寄せた安川電機社長の安川清三郎《やすかわせいざぶろう》により、帝国図書館に木造書庫一棟が寄贈された(安川書庫)。以上のように、帝国図書館は体制を整えつつあった。

一九三一年四月二日、松本喜一は、宮中の御学問所において「図書館の使命」と題して昭和天皇に対する御進講を行った。このとき松本は、各国の図書館写真、奈良時代に日本で初めての公開図書館を作ったとされる石上宅嗣記念碑の拓本、さらに帝国図書館司書の加藤宗厚が作成した日本の図書館増加表、経費比較表、冊数比較表を持参した。当日、松本は「我が国に於ける図書館発達の沿革と現在の情勢」「英独米の諸国に於ける斯業の概況」「近代図書館の意義と使命ならびに斯業の国際化」等について一時間余にわたって進講したという（松本喜一「御進講の恩命を拝して」『図書館雑誌』第二五巻第五号）。昭和天皇からは、外国最大の図書館はどこか、二番目に大きいのはどこか、中央と地方の図書館の連絡如何、総目録は出

帝国図書館製本室　『書物展望』第8巻第7号より

来ているか等の事柄について「御下問」があったという（国立国会図書館総務課所蔵『主任会議記録』）。昭和天皇が図書館に関心を寄せていたことがうかがわれるが、実は昭和天皇は皇太子の時代からたびたび帝国図書館から本を取り寄せることがあったようで、松本は複数の講演でこのことを話している（松本喜一「欧米図書館の印象」『奈良県立奈良図書館月報』第一

一巻第一一号)。

日本図書館協会は、松本が御進講を行った四月二日を毎年「図書館記念日」とすることを決定し、一九三三年以降、講演会や展覧会など具体的な記念事業を展開していくことになった。松本喜一にとっては、昭和天皇から直々に中央と地方の図書館の関係や、総目録の完成を問われたことは大きな転機となったのではないだろうか。以後、松本が地方と中央を結ぶ中央図書館制度の確立に邁進し、図書館令の改正をはじめとする日本図書館界の改革を強力に推し進めていく姿勢の淵源が御進講の経験にあるように思われる。同年一〇月、帝国図書館の呼びかけで都道府県の図書館長が集まり、中央図書館長協会が設立された(『歩み』本篇)。

改正図書館令の時代

一九三一年の満洲事変や翌年の五・一五事件の発生により、ジャーナリズムでは盛んに「非常時」が喧伝された。一九三三年には、京都帝国大学法学部教授の滝川幸辰《ゆきとき》の著書が発売禁止処分となり、共産主義だけでなく自由主義的な言論にも圧力が加えられるようになった。このような時代状況は図書館にどんな影響を与えたのか。

一九三三年七月一日、図書館令が全面改正公布された。改正後の条文では図書館の目的が新たに「図書記録の類を蒐集保存して公衆の閲覧に供し其の教養及学術研究に資するを以て目的とす」と規定された。このほか、同条第二項では、社会教育に関する附帯施設を図書館に設けることができるとされ、図書館を社会教育機関として機能させていく意図が明確になった。また、私人が設立する図書館の設置については、従来は地方長官への報告のみで良いとされていたものが、以後認可が必要となった。統制強化といえる。大きな改正点としては第一〇条の中央図書館の指定に関する規定がある。これは、地方長官が管内の図書館を指導し、連絡統一を図る目的で、文部大臣が認可した公立図書館のうち一館を中央図書館として指定することを定めたものである。この中央図書館制度は、松本喜一が「画期的」と高く評価したが、その意図は帝国図書館―道府県中央図書館―各管内中小の図書館というラインを作り、図書館の集権体制の構築を図る点にあったと考えられている（小川徹、奥泉和久、小黒浩司『公共図書館サービス・運動の歴史』第一巻）。松本は、中央図書館長の職務を師範学校長が管内の小学校に対して行う視察にたとえて説明した（松本喜一「図書館令の改正」『図書館雑誌』第二七巻第一〇号）。従来は、ある県において、県立図書館と市立図書館はそれぞれ別の蔵書を持ち、没交渉で良かったが、それでは不十分と考えられたのである。これも図書館の統制強化である。その背景には、地域の青年会が設立した小規模私立図書館の蔵書中にマルクス主義などの過激思想の本が含まれていることへの危惧があった。たとえば長野県では、発禁処分を受けた図書がそれと知られずに巡回文庫や小図書館に混入していることがあると長野県立図書館長の乙部《おとべ》泉三郎《せんざぶろう》が憂慮している。とくに発行後相当の期間を経てから禁止処分になったものなどは閲覧させて良いものかどうかすぐに見分けることが困難で担当者も困惑していた（乙部泉三郎「発禁物と公共図書館」『図書館雑誌』第二八巻第四号）。中央から禁止図書のリストが送られてくれば、すぐに対応できるというわけである。

中央図書館制度に関しては、統制強化の面が注目されがちだったが、近年は貸出文庫などの事業を開始したり、機関誌の発行を行ったりしたことがわかっている。一方、改正図書館令公布の時点で、県立図書館未設置の県もあり、また戦後まで中央図書館の指定に至らなかった県もあったので、効果も限定的だったという評価もある。

世界と日本の図書館

一九三一年から刊行が始まり、四年をかけて完成した平凡社の『大百科事典』は、日本の学者を総動員して作られた総合的な百科事典である。この第一九巻「図書館」の項目を、松本喜一が執筆している。同項では図書館を「図書記録を蒐集保管して公衆の閲覧に供し、普く国民の教養と学術の研究とに資し、人類文化の向上に寄与する教育機関」と定義している。古代の図書館は文献の貯蔵が主であったが、近代になってからは目的が大きく変化した。すなわち「近代図書館の特質は、万人をして普く図書を利用せしめ、その教養の向上、学術技芸の研鑽に資せしめんとするにある。これ即ち図書館の位置が都市町村を通じて、その中心たることを要件とせられ、読書環境調整のための建築設備への関心、開館時間の延長、休館の減少、閲覧者に対する館員の態度、館員の教養等の問題がすべて利用者を本位として考察せられる所以《ゆえん》である」とした。「利用者本位」の松本の図書館観が垣間見える。

同項では日本の図書館の沿革、世界の図書館の紹介なども論述されている。興味深いのが、「世界主要図書館」と題した、各国の主な名称、所在地、設立年および蔵書冊数を記した一覧表が載っていることである。そのなかから幾つかをピックアップして表に整理したが、これを見ると世界と日本の図書館の規模の違いがよくわかる。数字の典拠は不明だが、図書館講習所の講義録を元にまとめられた和田万吉『図書館史』（一九三六、芸艸会）と比較しつつ見ていこう。第一位はレニングラード国立公共図書館であるが、この蔵書冊数は和田が一九三三年時点の数値として記述した刊本と写本の冊数の合計と一致する（なお、念のため補足すると、ソ連の数値に関しては和田も半信半疑だったらしく、「信ずべからざる数字を示しているが、発表されたる数字のまま大図書館を挙げる」と書いている）。パリの国民図書館は一九三〇年の統計として印刷本四四〇万冊と書いているのでもう少し多い。大英博物館も、和田『図書館史』では、刊本四〇〇万、写本五万六〇〇〇冊のほか、小冊子類が数十万点あり、全体では五〇〇万と述べられる。アメリカの議院図書館は一九三二年度統計として小冊子を含めた蔵

名称	国名	所在地	蔵書冊数
レニングラード国立公共図書館（Gosudarstvennaja Publičnaja Biblioteka v Leningrade）	ソ連	レニングラード	5,164,048
国民図書館（Bibliothèque Nationale）	フランス	パリ	4,270,000
大英博物館図書館（British Museum Library）	イギリス	ロンドン	4,199,600
議員図書館（Library of Congress）	アメリカ	ワシントン	3,907,304
ニューヨーク公共図書館（N.Y. Public Library）	アメリカ	ニューヨーク	3,295,384
王立中央国民図書館（R.Biblioteca Nationale Centrale）	イタリア	フィレンツェ	2,699,425
プロシア国立図書館（Preuβische Staatsbibliothek）	ドイツ	ベルリン	2,565,692
イエール大学図書館（Yale University Library）	アメリカ	ニューヘイブン	1,922,157
ハーバード大学図書館（Harvard University Library）	アメリカ	ケンブリッジ	1,596,000
ボードリアン図書館（Bodleian Library）	イギリス	オックスフォード	1,290,000
ドイツ図書館（Deutsche Bücherei）	ドイツ	ライプツィヒ	1,170,000
京都帝国大学図書館	日本	京都	900,000
東京帝国大学図書館	日本	東京	800,000
帝国図書館	日本	東京	737,394

世界の主要図書館　平凡社『大百科事典』19巻「図書館」より作成

書四四七万七四三一冊と記述されている。いずれも表の数字と若干異なるが、欧米の主要な国立図書館の蔵書は四〇〇万冊以上を誇るものだったと考えてよい。

対して日本を見ると、帝国図書館は京都帝国大学、東京帝国大学附属図書館に次ぐ第三位の蔵書数なのである。大学図書館の蔵書が多いのはいわゆる学部図書室の蔵書も合算しており、かつ洋書が豊富に含まれるためであろうが、関東大震災で大きな被害を受け、その後外国からの援助によって立ち直った東京帝国大学附属図書館よりも帝国図書館の蔵書は少ないのであった。三木清《みききよし》が図書館の貧弱ぶりを慨嘆し、「帝国図書館も、建築設備において東京帝大図書館に、蔵書数において京都帝大図書館に及ばない。パリの国民図書館、ロンドンの大英博物館文庫等、外国の著名な公共図書館に比しては、もちろん全く問題にならぬ。新興ロシヤのレニングラード公共図書館が今や蔵書数において世界第一と称せられるのも、注目すべきことである」（三木清『時代と道徳』）と書いているのは、この表を参照したのだろう。一九三五年前後において帝国図書館の立ち位置は、およそ以上のようなものであったのである。

一九三五年の転換

現在、国際子ども図書館の前庭には、土台に小泉八雲《こいずみやくも》のレリーフがはめ込まれた記念碑が建っている。これは詩人の土井晩翠《どいばんすい》が夭折した長男の遺言に基づき、帝国図書館に寄付をして建てられたものである。松本喜一館長が第二高等学校時代、土井の教え子であったことから話し合いが進み、一九三五年七月に除幕式が行われた（佐野力「相対する師弟の像」）。

一九三五年は美濃部達吉の天皇機関説が弾圧され、岡田内閣が国体明徴声明を出すなど、国内の言論が大きな曲がり角に差し掛かっていた。帝国図書館の歴史にとっても、この年は大きな転機になった。年間の利用者数と館内利用者の一日平均の推移をグラフにしてみると一九三五年が利用のピークであって、以後、利用は減少に転じているのである。原因ははっきりしないが、一九三六年から「書庫狭隘のため閲覧室の一部を閉館して書庫に充つ」（「帝国図書館沿革史案」）として、閲覧席を減らしたことも一因のようである。

帝国図書館で博士論文の収集受入れが決まったのもこの時期である。戦前の学位令では、博士の学位は大学が文部大臣の認可を受けて授与するものとされ、大学から文部大臣への申請時に必要書類と一緒に論文本体を添付することになっていた。文部省内に残っていた学位論文は関東大震災で焼失してしまったが、その後集まった分の利用のため、一九三五年一月、松本館長から願い出て、帝国図書館で論文を引き継ぎ一般の閲覧に供することとなった（外垣豊重「博士論文の収集とその経過について」）。「帝国図書館沿革史案」は、博論移管を機として「蒐書次第に専門化す」と評している。

小泉八雲記念碑　筆者撮影

蒐集の「専門化」に関していえば、昭和一〇年代を通じて、帝国図書館では学者らが集めた個人文庫の受け入れが進んだ。一九三一年の冑山《かぶとやま》文庫（国学者の根岸武香が収集したもの）をはじめ、国語学者の亀田次郎《かめだじろう》が集め

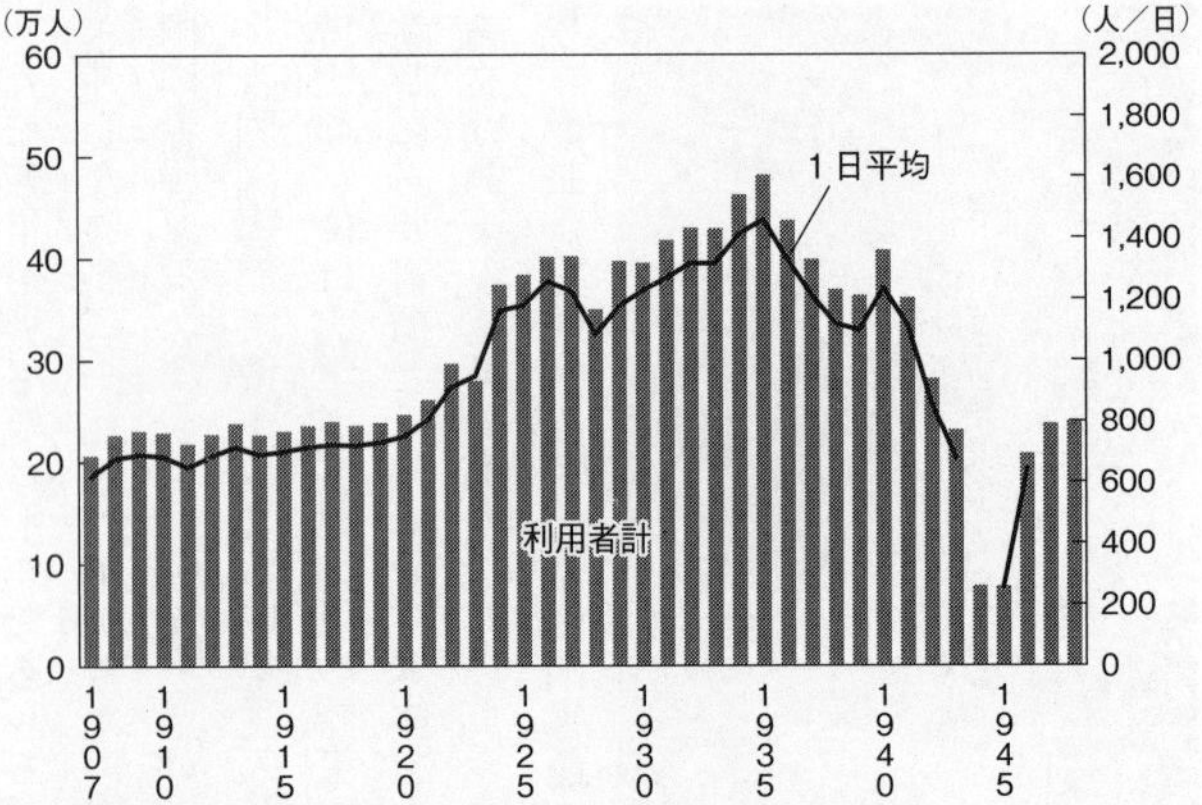

新館開館以後の利用者の推移　『帝国図書館年報』より作成
＊1944年のみ開館日数不明のため、１日平均の数値がない

た亀田文庫、江戸時代の本草学関係の古書を集めた白井光太郎の蔵書等などである。収集担当だった岡田温は、愛書家・蔵書家を「蜜蜂」にたとえ、その集められたコレクションを得難い「貴重な蜂蜜」だとして収集に努めた（岡田温「旧上野図書館の収書方針とその蔵書」）。帝国図書館では散逸のおそれがある名家旧蔵コレクションの収集を積極的に行ってきたが、とくに昭和期にこうした話が進展したのは、戦争によって貴重な文化財が散逸することを避けるねらいがあったと思われる。

一九三五年の話題としてもう一つ、新聞紙上で帝国図書館の常連利用者が集中的に取り上げられ、話題になったことも付け加えておく。たとえば、下谷区の大竹友三郎（七一歳）。群馬県の農家に生まれた大竹は、家業を嫌い医者を志して東京医学専門学校に入るも、ドイツ語が難しく頭に入らなかったので図書館通いを始めたという。のち軍医となって日清・日露戦争にも従軍したが、本が読めない仕事に嫌気がさして辞め、それから毎日「ヨーカン色の着物に垢じみた外套、そしてチビたゴム靴」のいで立ちで上野図書館に通った。帝国図書館では焼跡のつかないお灸研究のため万巻の書籍を読破したという（「風変り読書老人　図書館へ五十年」『読売新聞』一九三五年三月二〇日）。

また、閲覧者同士の交流会も生まれていた。たとえば、婦人閲覧室から誕生した「伸びる会」がある。読書や勉強会を通じて人間らしく生きようとする女性の集まりで、図書館に同会が誕生したのは一九三二年初冬だった。会の名前は、宮本百合子の小説『伸子』にちなんで名づけられた。勤め人も学生も、画家や小説家の卵も集まるなか、回覧ノートや会報が作られ、上野だけでなく京橋の図書館にも拡大して交流が続けられたが、日中戦争が始まると会のメンバーに逮捕者が出て、一九三八年以後、活動は中断を余儀なくされた（清水正三編『戦争と図書館』）。帝国図書館の利用者については、森銑三《もりせんぞう》が「客種があまりよろしくない」と言って受験生が多く学者の資料利用が不十分なことを指摘しているが（森銑三、柴田宵曲『書物』）、そのなかにはこうしたディレッタントが独自の学問を構想する一面もあったのである。

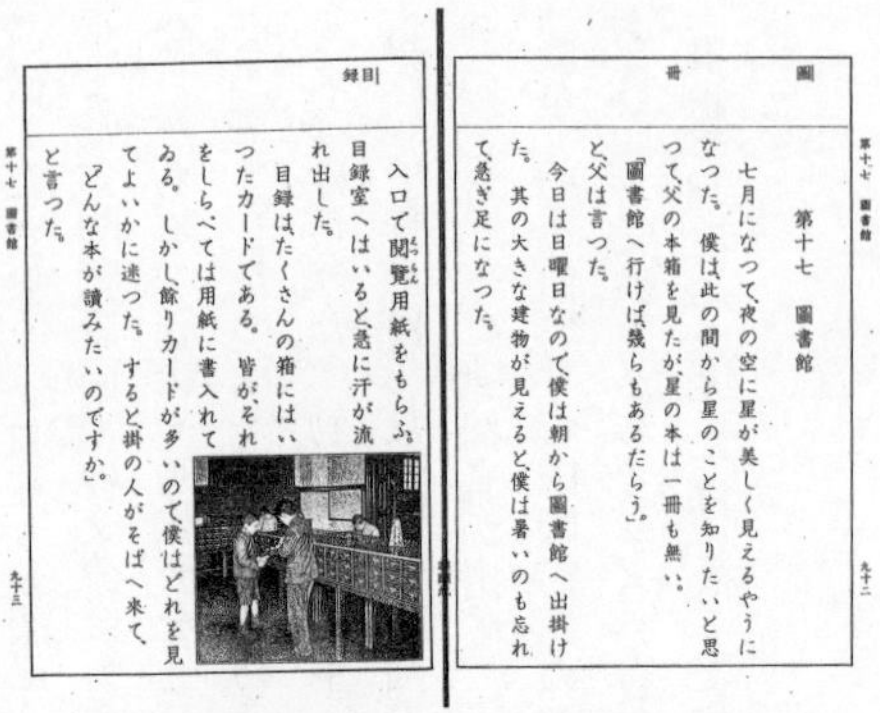
圖　冊

第十七　圖書館

七月になつて、夜の空に星が美しく見えるやうになつた。僕は、此の間から星のことを知りたいと思つて、父の本箱を見たが、星の本は一冊も無い。

「圖書館へ行けば、幾らもあるだらう。」

と、父は言つた。

今日は日曜日なので、僕は朝から圖書館へ出掛けた。其の大きな建物が見えると、僕は暑いのも忘れて、急ぎ足になつた。

第十七　圖書館　九十二

目録

入口で閲覧《えつらん》用紙をもらふ。目録室へはいると、急に汗が流れ出した。

目録は、たくさんの箱にはいつたカードである。皆が、それをしらべては用紙に書入れてゐる。しかし、餘りカードが多いので、僕はどれを見てよいかに迷つた。すると、掛の人がそばへ来て、

「どんな本が讀みたいのですか。」

と言つた。

第十七　圖書館　九十三

『小学国語読本』第九第一七課「図書館」　国立教育政策研究所教育図書館近代教科書デジタルアーカイブより

国定教科書「図書館」

一九三七年二月、国定教科書『小学国語読本』第九に第一七課「図書館」が加えられた。これは、普通教育での図書館の普及を訴えてきた松本喜一の強い希望の実現であり、この実現に際しては、松本自身かなり文部省に働きかけを行ったようである。

教科書の文章は物語風である。星の本を読みたいと思った主人公の「僕」が父に相談すると、図書館になら幾らもあるだろうと言われるところから始まる。僕は日曜日に図書館へ向かうが、目録室で多数の箱に入ったカードを見ながら、どれを見てよいか迷ってしまう。そこへ係の人が来て声をかけてくれる。係の人に天文学の本を教えてもらった僕は、書名と番号を閲覧用紙に書いて出納掛に提出する。そして名前を呼ばれて本を受け取り、閲覧室に入ると、そこは天井が高い広々として静かな部屋だった。僕は星の本に没頭することができた。ふと疲れて顔を上げると、友人の「松本君」が歴史物語を読んでいた。声をかけると、松本君は土日に図書館通いをしてお

り、彼に「読みたい本が山程あるよ。君もこれから度々《たびたび》来るといい」と言われると、僕も夏休みになったらきっと来ると応じる。このような筋書きである。

ちなみに、この原案を書いたのは岡田温であった。松本喜一館長に小学生の息子がいたので、「いたずら心」で主人公の友人の名前を松本君にしたらそのまま採用されてしまったと後に述べている（岡田温「昭和ひとけた時代の協会の思い出」）。

この教科書について、日本図書館協会内では、設備などが地方の図書館の実態とかけ離れており、児童に縁遠い内容となっているのではないかとの批判が出たので、教師用の指導手引き書として『小学国語読本巻九　第十七「図書館」課教授参考書』が編まれることとなった（『歩み』本篇）。ただし、この教科書は一九四一年三月の国民学校令公布により廃止されたので、実質的に使われたのは一九三八年から一九四〇年度までの短い期間に過ぎなかった。

2　戦時下の帝国図書館

時局と図書館

一九三七（昭和一二）年七月の日中戦争勃発後、帝国図書館では時局に対応するため、九月、目録室に中国関係の図書目録を掲示し、公衆の時局に対する認識を深めようとした。また同年一二月には『時局に関する図書目録』を印刷刊行、中国事情や国際情勢、非常時経済、国防、国民精神に関する図書を掲載していった（同目録は一九四四年の第七輯まで発行された）。一九三八年には、日本図書館協会の事業として、帝国図書館で慰問図書を受け付け、出征軍人に発送することも行っていた。しかし、なかには使用に堪えないほど汚れ傷んだものが届けられることもあったという（岡田温「昭和ひとけた時代の協会の思い出」）。

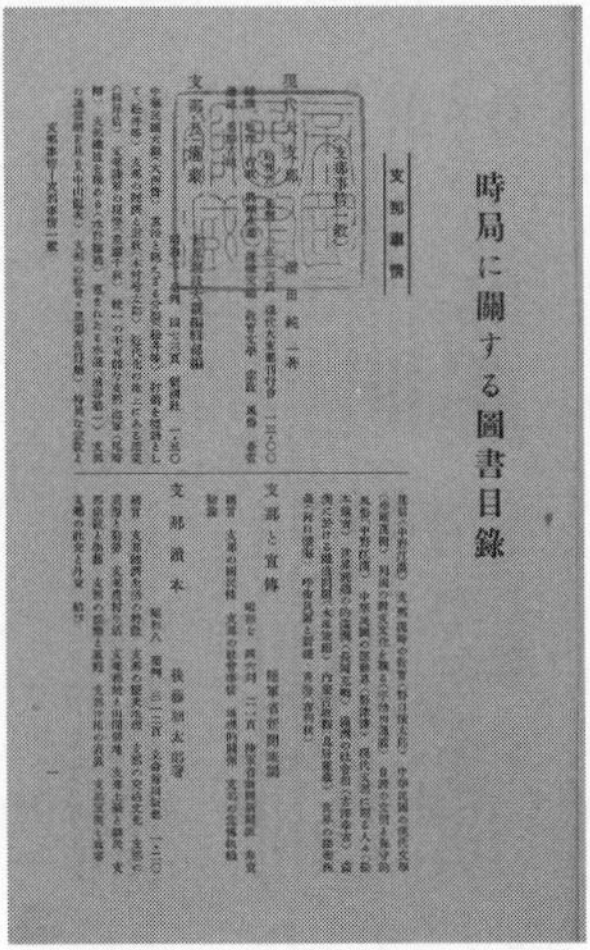
時局に關する圖書目録
支那事情

『時局に関する図書目録』（1937年）

他方、帝国図書館の書庫と閲覧室の狭隘という問題はその後まったく解消されていなかった。そこで、一九三五年以降、帝国議会で繰り返し帝国図書館の完成に向けた建議が提出されるようになった。この建議は、毎回可決はされるものの、日中戦争が泥沼化していくなかで、ついに予算化には至らなかった。一九三六年の『東京日日新聞』記事でも、帝国図書館を五一四〇万円の予算で改築する予定との報道が出たが、結局これも実現しないまま終わっている。報道によると、このときの設計案は扇形のもので、建物の中央に講堂を配するものだったという（「読書子へおくる五百万円の殿堂」『東京日日新聞』一九三六年七月二八日）。

この頃はどんな本が読まれていたのか。一九三六年のこととして、松本喜一は「時局の影響として国防問題、陸海軍、航空等に関する図書が一年を通じて熟読された」といい、井上《いのうえ》哲次郎《てつじろう》『日本精神の本質』や清原貞雄《きよはらさだお》『日本精神概説』、吉田静致《よしだせいち》『倫理学上より観たる日本精神』、紀平正美《きひらただよし》『日本精神』、和辻哲郎『続日本精神史研究』などの日本精神に関する図書や古事記などの古典が良く読まれたほか、本館の利用者中に産業界の人々が増加し、自然科学の図書利用が増加したと語っている（松本喜一「最近読書界の趨勢」『学鐙』第四〇巻第六号）。

また、帝国図書館では一九三七年一一月から、内務省警保局図書課に毎月の新刊図書の閲覧順位表を送付するようになった（『五十年史』資料編）。一九三九年以後、『出版警察資料』に帝国図書館の閲覧回数上位の図書が掲載されている。上位五位までを抽出して並べた表を制作してみた。これを見ると、文芸作品が多いように見える。

図書館の統制

一九三九年八月、帝国図書館は再び事務分掌を改正して第三部を廃止、受入や目録担当の

	著者名	書名	回数
1940年1月	川端康成編	日本小説代表作全集　3巻	62
	林芙美子	蜜蜂	36
	林芙美子	心境と風格	35
	岩崎昶	映画と現実	31
	中野重治	空想家とシナリオ	30
2月	竹内時男	百万人の科学	40
	吉岡修一郎	数とロマンス	38
	伊藤永之介	湖畔の村	33
	山本有三	山本有三全集第1巻	30
	佐々穆	改正株式会社法精義	28
3月	林芙美子	一人の生涯	58
	尾崎士郎	人生劇場　風雲篇	45
	長谷健	あさくさの子供	45
	谷川徹三	私は思ふ	36
	保田与重郎	浪曼派的文芸批評	16
4月	河合栄治郎	学生と科学	39
	堀口大学訳	花売り娘	35
	波多野鼎	経済学入門	34
	今野武雄・山崎三郎共訳	ホグベン百万人の数学下巻	30
	林髞	百万人の生理学	28

	著者名	書名	回数
5月	古賀忠道	私の見た動物の生活	30
	大木雄三	豕木遍路	28
	菊池寛	新日本外史	26
	上田廣	歩いて来た道	25
	斎藤茂吉	歌集　寒雲	23
6月	池田源治	インテリ部隊	45
	武者小路実篤	蝸牛独語	41
	清沢洌	第二次欧州大戦の研究	32
	宇野浩二	閑話休題	32
	新庄嘉章訳	アンドレ・ジイドの日記	31

＊1940年5月は原文は4月と誤記されているが前後から補った

＊書名・著者名の誤記と思われる箇所は国立国会図書館の所蔵情報から適宜修正した

	著者名	書名	回数
1939年4月	三宅雪嶺	英雄論	37
	三宅雪嶺	人物論	33
	矢田津世子	花蔭	32
	式場隆三郎	知識人の為の頭脳強健法	32
	大江賢次	我らの友	30
5月	谷崎潤一郎訳	源氏物語巻1、2	64
	中山正男	脇坂部隊	37
	近藤英吉	民法要義第1巻	28
	板垣直子	現代小説論	24
	亀井勝一郎	作家論	23
6月	室伏高信	学生の書	49
	高見豊	数学読本	46
	獅子文六	沙羅乙女	44
	幸田露伴	渋沢栄一伝	42
	河合栄治郎	学生と社会	38
7月	岸田國士	花問答	41
	式場隆三郎	天才の発見	38
	舟橋聖一	新胎・木石	36
	和田伝	大日向村	34
	吉田鞆明	巨人頭山満翁は語る	33
8月	吉川英治	随筆宮本武蔵	54
	式場隆三郎	脳室反射鏡	52
	三田村鳶魚	江戸百話	50
	本庄陸男	石狩川	35
	W・チャーモンド	伸びる人	34
9月	横光利一	考へる葦	55
	小林秀雄	ドストエフスキイの生活	53
	石坂洋次郎	雑草園	46
	阿部知二	微風	43
	デイ・エイ・ソーム	青年の生活	34
10月	尾崎士郎	新篇坊っちゃん	74
	石坂洋次郎	まごころ伝説	41
	吉川英治	宮本武蔵　円明の巻	40
	富沢有為男	夫婦	30
	ロウリングス	イアリング	23
11月	徳永直	はたらく人々	30
	大江賢次	三人の特務兵	27
	伊藤永之介	熊	27
	火野葦平	花と兵隊	26
	間宮茂輔	無花果の家	25
12月	東京日日新聞社・大阪毎日新聞社編	支那人	32
	杉山平助	一日本人	30
	長与善郎	人生観想	28
	窪川鶴次郎	現代文学論	25
	平田禿木	禿木随筆	21

戦時中、帝国図書館で読まれた本　『出版警察資料』36、37、40～47号より作成

第一部と閲覧および相談担当の第二部と、庶務・会計など各係からなる体制とした。一九四〇年二月、紀元節に合わせて帝国図書館内で紀元二六〇〇年を祝う展示会を開き、また四月には、日本橋の三越で開かれた皇紀二六〇〇年記念の展示会に帝国図書館の貴重書が出品された。記録によれば、一一月一〇日に宮城外苑にて皇紀二六〇〇年の記念式典が開かれた際には、館長、閲覧者ならびに展覧会観覧者一同により宮城遥拝式を挙行したとも伝わる。

この年、東京市内には「ぜいたくは敵だ!」の立て看板が設置され、近衛文麿《このえふみまろ》の新体制運動によって一〇月に大政翼賛会が発足するなど、国内の政治や社会は大きく変わりつつあった。新たな国策の遂行のために図書館界はどういう対応をしていったのか。

松本喜一が一九三九年に理事長を退いてから、日本図書館協会と帝国図書館との関係は相対的に疎遠になった。そのためか、従来はあまり表に現れなかった鋭い帝国図書館批判の発言が『図書館雑誌』誌上にも登場してくるようになる。その急先鋒が京都帝国大学司書官などを勤めた竹林熊彦であった。日本の図書館史研究の草分け的な存在である竹林は、『近世日本文庫史』など近代日本の図書館史で重要な著作を多く残している。竹林は歴史を書くことを通じて松本館長下の帝国図書館を批判していた。彼によれば、現在の帝国図書館は全く国立図書館としての機能を果たしておらず、ほとんど下谷区立図書館同然になっているという。彼はまた、帝国大学が内地だけでなく植民地にも複数個作られているのに、東京に一つしか帝国図書館がないのはおかしいとも主張した。具体的には、大阪など内地にさらに三ヵ所帝国図書館を設け、また朝鮮、台湾の両総督府の図書館も帝国図書館に改称して国立図書館の実を挙げるべきだとしたのである（竹林熊彦「帝国図書館の過去及び将来」『図書館雑誌』第三五巻第一号）。新たに理事長となった中田邦造《なかたくにぞう》も、図書館令をさらに改正して中央図書館制度を発展させるべく、色々な意見を雑誌に発表していた。

こうした日本図書館協会の動きとの関係は不明だが、帝国図書館文書を見ていると、一九三〇年代後半から館内でも官制改正や機能強化を模索していた形跡が認められる。とりわけ注目されるのが、「全国図書館体系整備案」と題する文書で、「新事態に対応して図書館を以て国民の新教養、国策遂行の機関」とするため、中央図書館を軸に全国図書館の組織化を計画した内容となっている。それは次頁の図のようなもので、大政翼賛会ならびに日本出版文化協会とも連携しながら全国の中央図書館である帝国図書館を置き、その下に地方の中央図書館である道府県立の地方中央図書館、さらにその下に市町村の地方図書館を置いて統合しようとするのであった（帝国図書館文書『〔帝国図書館官制改正原案〕』）。

この文書の作成は一九四〇年頃と推定されるが、組織化は実現できずに終わった。他方、帝国図書館は一九四一年一一月に閲覧規則を改正して満二〇歳未満の利用を禁止した。これは閲覧室が狭隘となり、受験生の利用が成人閲覧者の調査研究に支障をきたしていること、東京市内の図書館が充実してきたことなどが理由とされている。一〇代の利用を排除したことで、結果として「学術参考図書館としての方途定まる」（「帝国図書館沿革史案」）ということが明確にされたともいえる。

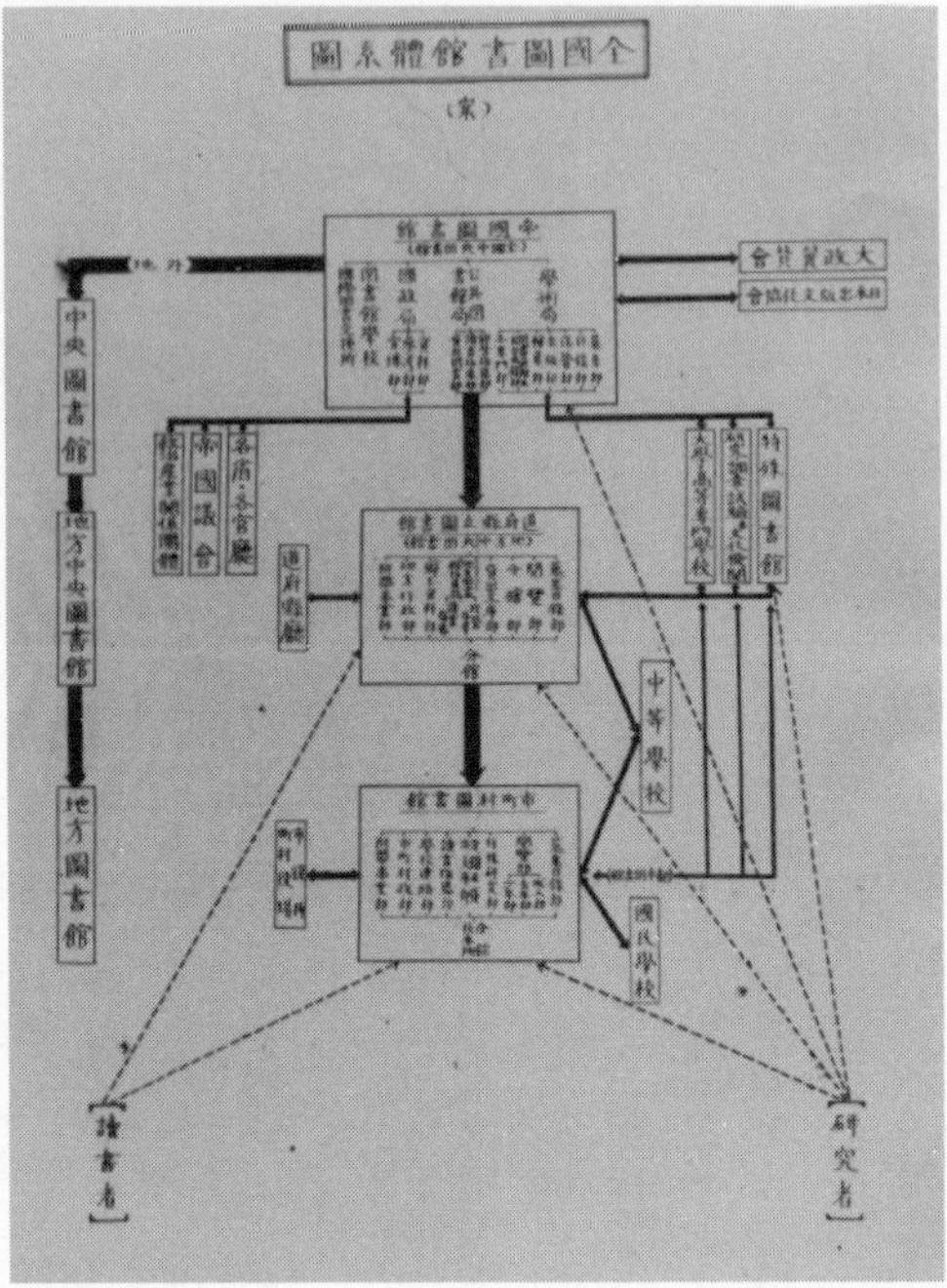

全国図書館体系図（1940年頃?）　帝国図書館文書『〔帝国図書館官制改正原案〕』より

一九四三年には、松本喜一の関与もあったと思われるが、中央図書館長会議が図書館制度の全般的改革案として、帝国図書館に内閣文庫等の各省庁の図書を集めて国家枢機の調査機関とすること、帝国図書館を納本先に指定すること、帝国図書館に調査研究の部屋を設け、一般的な閲覧者はより下位の府県中央図書館に移して利用させること、経費を増額すること、館長を勅任（高等官一等）することなどが決議された。ただしこれらの提言は実行には至らず、戦後の図書館改革まで持ち越されることとなった。

帝国図書館に運ばれた略奪図書

日中戦争ならびに太平洋戦争の最中、日本軍は中国大陸や東南アジアで多数の図書を接収し、日本に搬送した。東京帝国大学附属図書館、京都帝国大学附属図書館のほか、帝国図書館にも運び込まれていた。

帝国図書館に持ち込まれた資料総数は一三〇二一九冊あったとされる。うち書籍が六二二一四冊、パンフレットや定期刊行物が六八〇〇五冊であった。この数値は戦後連合国に返還した書籍及びパンフレット類の七割近くを占めるもので、「帝国図書館はわが国最大の「略奪図書」の集積機関」だと評されるゆえんでもある。内訳を見ると香港で接収されたものが最も多く、六五九〇〇冊と全体のほぼ半分に相当する。このほかに中国大陸のどこかから接収されたものが五七七〇二冊で、ほとんどが中国大陸から持ち込まれたものらしい。その他、量としては僅かながら、シンガポール、マレー、タイ、オランダ領インドネシア、ビルマ、ニューギニア、ソロモン、フィリピンから図書が持ち込まれている（鞆谷純一『日本軍接収図書』）。

これらの図書は、占領地から陸軍省・参謀本部、文部省を経て帝国図書館に搬入された。一九四三年の八月二三日には、文部省から帝国図書館に、漢籍約一万三〇〇〇冊程度、洋書約三〇〇〇冊程度を同年一〇月中に整理し目録を三部ずつ作成するよう依頼があった（『五十年史』資料編）。二ヵ月で一万冊以上の図書を整理するというのは困難で、結局、一九四四年になっても接収図書の仮整理は続けられた。

搬入された図書の中で価値が高いものと評価されたのは、香港から持ち込まれたイギリス軍人ボクサー少佐の旧蔵書（ボクサー文庫）と、南京国立中央図書館から持ち込まれた漢籍類だった。ボクサー文庫については印刷目録があらかじめ作成されていたので整理作業はそこまで難しくなかったが、漢籍については書誌学者の長澤規矩也《ながさわきくや》が協力して、一月末から七月にかけて整理が行われた。中心は写本の明《みん》代資料で、整理完了後の八月一一、一二日には、東洋学等の研究者三〇余名を招き、接収図書であることを伏せて公開したところ、関係者からは「大いに感謝され」たという。これを機に帝国図書館で明代資料懇談会が設けられたが、戦局の悪化に伴い、活動は休止となり、資料は疎開された（岡田温「終戦前後の帝国図書館」）。一九四四年三月には、帝国図書館が保管する戦利図書のうち南方研究に関する資料の目録として"Catalogue of Books on South Eastern Asia and Eastern Oceania"が編纂されている。これらの図書は戦後、連合国軍最高司令官総司令部によって「略奪図書」として指定を受け、後に各国へ返還された。

資料の疎開

一九四二年一一月、創立七〇年の記念式典と貴重書の展覧会が帝国図書館内で開かれた。帝国図書館では以後も資料展示が行われたものの、戦局の悪化のなかで、帝国図書館の貴重な蔵書をいかに守るか、そのための疎開の話が本格化していった。戦時下の蔵書疎開については、中田邦造が指導した都立日比谷図書館のものが有名だが（金高謙二『疎開した四〇万冊の図書』）、帝国図書館でも貴重書の疎開を実施していた。上野公園内では博物館の前面の噴水周辺が立入禁止区域となり、物々しい雰囲気となった。板塀が張り巡らされ、そしてこのことは、図書館に通う職員に「上野の山は必ず空襲を受ける」との思いを抱かせた（岡田温「終戦前後の帝国図書館」）。実際、一九四三年の八月には、空襲に備えた上野動物園の猛獣の薬殺が開始されていた。

記録によれば、疎開の話が浮上するのは一九四三年の一〇月頃からである。一〇月六日から八日にかけて松本館長が長野県に出張して、同館の乙部泉三郎館長らと移転について打ち合わせを行った。同月二〇日に貴重図書の移転保管方法について本省に伺を立て、さらに二三日には松本館長が局長を訪問して搬出着手について諒解を得たという。同日、日本通運株式会社と打ち合わせを開始した（帝国図書館文書『疎開移転関係書類』〔第一回～第三回〕）。

疎開は三回にわたって行われた。第一回目は、一九四三年一一月一二日に、約一〇万冊の保管委託を終えている。第二回目の疎開は一九四四年の五月一二日に六万四〇〇〇冊が、第三次疎開は一九四四年八月二二日に三四〇〇冊がそれぞれ保管委託の引継ぎを完了している。岡田は「搬出は八月下旬の暑い真盛りであった。この疎開資料搬出の翌日には、文部省から多量の接収用図書が搬入されている。何と皮肉なことか」（岡田温「終戦前後の帝国図書館」）と回顧している。年表によると八月二二日付で文部省から帝国図書館に南方諸地域の戦利図書が交付されているので、岡田が言っているのはこのことであろう。同じ月には、東京から地方への学童疎開も始まっていた。

年が明けて一九四五年になると、図書の疎開先だった長野市にも空襲の恐れが出てきた。さらに二月二八日、県図書館が勤労動員の女学生の作業場の候補となり、再疎開の必要が出てきた。このため翌月、長野市に岡田司書官が派遣され対応にあたった（『五十年史』資料編）。

協議の結果、三月一三日、一四日の二日間にわたって乙部館長の斡旋によって長野市よりもさらに北の飯山《いいやま》にある飯山高等女学校の雨天体操場に再度疎開された。帝国図書館の貴重書群はここで敗戦を迎えることとなった。

悪化する情勢

帝国図書館では、戦時中も、幕末から明治初期にかけて伊藤圭介《いとうけいすけ》が収集していた本草学関係の伊藤文庫約二〇〇〇冊を遺族から購入するなど、疎開の一方でさらに資料の収集も進めていた。また、科学文献目録の作成、科学動員関係資料、南方関係資料など文部省や軍からの参考調査依頼が増え、職員が日曜も交代出勤して慌ただしく対応していた。太平洋戦争の勃発以後、判任の司書や雇員にも応召が増えたため、一九四二年から四四年にかけて二九名の女子を採用している（西村正守「帝国図書館婦人職員略史」）。館の業務は停滞しがちであった。『帝国図書館報』も四四年三月に一九四二年五月・六月の分を発行したところで以後休刊となった。

一九四四年七月、サイパン島が陥落し、東条首相も辞任して、騒然とする世の中ではあったが、岡田温は「図書館員としての教養を失わないため、落ちつきを取りもどすため」に、若手の職員に諮ってあえて七月から週一回職員の読書会を開催し、終戦間際まで続けたという（岡田温「終戦前後の帝国図書館」）。

戦局は悪化の一途をたどっていた。一九四四年一一月、サイパンの米軍基地から出発したB-29が東京の空襲を開始した。帝国図書館でも各自の持ち場を決め、空襲避難訓練を開始した。また、同年一二月には、木造の書庫に収められた乙部図書約九一〇〇〇冊を帝室博物館の地下に疎開した。搬出は一二月二一日から翌年一月九日にかけて行われた。

一九四五年二月、帝国図書館では人手不足や空襲の激化などにより夜間開館を休止し、閲覧時間を午前八時半から午後五時半までに変更した。三月一〇日の東京大空襲では、下町が爆撃され、甚大な被害が出た。上野公園のある高台は爆撃を免れたため、避難者を収容し空襲で亡くなった遺体を一時的に埋葬する場となった。食糧不足も深刻となり、図書館の前庭などにサツマイモが植えられたという（岡田温「終戦前後の帝国図書館」）。上野の山にあった帝国図書館はかろうじて空襲の被害を免れ、資料も焼けずに残ったが、危険な状態であることには変わりがなかった。

しかし、それでも図書館に通う利用者はいたのである。一九四五年八月一四日の新聞記事には連日二〇〇名の利用があり、村尾《むらお》成允《なりまさ》司書官が「朝八時半の開館を待って毎日十数人が待機しているし、空襲時にはひとまず待避所に入って待ってもらうが帰る人はなく敵機と根くらべで夕方閉館の五時半まで頑張る人が多い、婦人の閲覧者も廿《にじゅう》人程度ではあるが、この頃の危険と不便を冒してまでよくも通って来られると感心している」（「科学知識を求める読書子」『読売新聞』一九四五年八月一四日）と述べる状況だった。

なお、帝国図書館は、松本館長の強い意志で、戦時下でも利用者がいる限り休館は一回もしなかったという伝説があるが（岡田温「終戦前後の帝国図書館」）、当時の宿直日誌によると、休館した日はあったのではないかと思われる。一九四五年二月二五日は、午前七時四〇分に空襲警報発令、一〇時三五分に警報が解除となってから開館したが、閲覧者は二名で、しかもすぐに退館した。その後B－29が来襲する可能性があるとの報道があり、開館を継続するか否か、松本館長の指示を仰ごうとしたが電話が通じず、笠木二郎司書の「独断」で一三時からの休館を決めたと記録される。また、同四月一三日は、夜半から未明にかけての空襲があり、桜が満開の上野公園内の動物園・博物館に焼夷弾《しょういだん》が落下した。「動物園の鳥獣怪しき叫声をあげて凄壮を極む」という凄まじい状況下、上野公園内に避難者が殺到した。帝国図書館では空襲による損害はなかったが、宿直の職員は負傷者の救護や、地下室への避難者収容に追われた。自宅が被災した職員も多く、彼らの登庁が困難なこと、また広範囲で交通機関の故障が予測されたため、宿直日誌には「午前七時休館と決しその処置をとる」と記録された（西村正守「上野図書館掲示板今昔記　その六」）。開館前の午前七時に休館を決めて実行したのであればその日は臨時休館のはずである。もちろん休館だったとしてもこれは帝国図書館の汚点ではないだろう。松本は一九四四年末から病気により体調を崩しがちで、よく館を休んでいたという。笠木司書が館長の指示を仰ぐため電話しようとしたのも松本が図書館に不在だったからだろう。帝国図書館はリーダーシップを欠くなかで、現場の職員が際どい判断を重ねながら時局に対応していたのだ。

3　占領下の図書館改革

帝国図書館の再出発

一九四五（昭和二〇）年八月一五日の玉音放送を、帝国図書館の職員たちは館内のラジオの前に集合して聞いた。敗戦という未曽有の混乱のなかで、図書館の立て直しはいかにして行われたのか。司書官の岡田温によれば当時は「内には疎開図書の復帰と、外には進駐軍との応待で忙しく明け暮れていた」という（岡田温「終戦直後図書館界大変動期の回顧」（一））。まず検討されたのは、貴重図書の再疎開であった。八月一七日には、占領軍の接収を避けるため疎開計画の続行を決定している（「帝国図書館蔵書疎開始末記」）。九月二日にミズーリ号上で降伏文書に調印がなされると、占領軍が東京に進駐を開始した。

進駐軍は九月二七日から帝国図書館を訪れ、占領政策に必要な資料の調査にやってきた。利用はアメリカの軍人が一番多く、次いでイギリス、オーストラリア、ソ連の順だったという。いずれも立派な紳士で、日本語にも堪能、さらに、資料の貸出のルールを守り、期限内に必ず返却する彼らの態度に帝国図書館の職員は好感を持った。閲覧人も次第に戻ってきた。一〇月一九日には四〇八名の利用があり、この年最高の記録だったという（岡田「終戦前後の帝国図書館」）。

戦時中、帝国図書館に運び込まれた略奪図書の返還は、占領軍の指令を通じて行われた。まず一九四六年一月、英国軍人のボクサー少佐に対し、香港で接収したボクサー文庫の返還が行われた。ついで、一九四七年から中国、英国、フィリピン、タイに対し、横浜や呉、東京、神戸などの各港において日本側と相手国側の代表者の立会のもとで引き渡しが行われた（鞆谷純一『日本軍接収図書』）。返還作業は一九五〇年一一月、国立国会図書館支部上野図書館時代まで続けられていた。

岡田温の三代目館長就任

戦後直後、帝国図書館における大きな変化が、二つあった。一つは、出版法の効力が停止されたことによる内務省からの納本図書交付の停止である。もう一つは、病気で休みがちだった松本喜一館長が、一九四五年の一一月一三日に現職のまま死去したことである。その後しばらく文部省社会教育局長が館長事務取扱として兼務発令されていたが、一九四六年の五月一三日付で三代目の帝国図書館長に岡田温が就任した。田中稲城にせよ、松本喜一にせよ、実は帝国図書館長就任はみな四〇代前半での出来事である（田中稲城が東京図書館長となったのは三〇代半ばだった）。

岡田温　『岡田先生を囲んで』より

　占領期改革では軍国主義思想や極端な国家主義思想、教育の払拭が志向され、矢継ぎ早に改革が進められた。とりわけ、連合国軍最高司令官総司令部（GHQ／SCAP）の要請で、一九四六年三月に来日した米国教育使節団がまとめた報告書は、戦後の日本の教育改革を方向づける意味を持つものであった。同報告書の「成人教育」の項では、日本の図書館設備が不十分であること、有料制を取っていることを厳しく批判している。

　こうした使節団の調査を支えるとともに、報告書の趣旨実現のため文部省の方策に影響を与えたのが、総司令部の民間情報教育局（CIE）というセクションであった。CIEは米国の民主主義理念の啓蒙のため、東京をはじめとした全国主要都市に英文の図書や雑誌などを開架で提供する情報センターを開設した。これをCIE図書館という。そこでは、アメリカ人館長と英語に堪能な日本人を雇用してレコード鑑賞会や紙芝居、英会話教室などの文化活動も行われていた。

ＣＩＥで図書館政策を担当したのはフィリップ・キーニーという人物である。帝国図書館とＣＩＥの接触は、米国教育使節団来日と前後して一九四六年の二月末から始まっている。一九四六年二月二七日、キーニーが帝国図書館を視察に訪れた。このとき帝国図書館では岡田と図書館員養成機関などのことについて話し合われた。三月四日、岡田は内幸町の放送会館内にあるＣＩＥ本部を訪問。キーニーに面会して図書館職員養成の案を示し、帝国図書館ならびに日本の図書館全般の復興支援を依頼した。同月一三日に岡田はキーニーを再訪問、「帝国図書館拡充強化の主綱」と題する文書を手交して帝国図書館の拡充案を提示した。その要点は次のようなものであった。

一、納本制度の確立
二、図書館間の相互貸出制度
三、和洋雑誌の記事索引
四、総合目録、各種主題目録の編さん
五、貴重図書の復刻

六、印刷カードの作成頒布
七、国際図書交換業務の復活
八、観光的意義を持つ日本室の特設
九、新国際都市計画中に新しい位置づけをすること

帝国図書館を全国の国立中央図書館に改組して、これを中心に資料や目録カードを共有して、全国的な公共図書館のネットワークを作ろうという案である（岡田温「斯くして国立国会図書館は生まれ出た」）。帝国図書館はかろうじて空襲の被害を免れ、蔵書も残ったが、全国規模では、戦災によって中央図書館の六割、市立図書館の八割の蔵書が焼失したという。図書館の再建には国立図書館の蔵書を核とした相互貸出ネットワークの構築が重要な意味を持つと考えられた。キーニーが四月に作成した私案「日本に対する統一ある図書館組織」（Unified Library. Service for Japan、別名「キーニー・プラン」と呼ばれる）でも、全国的総合目録の完成と図書館相互貸出の実現、ならびに図書館学校の設置が主張されている（三浦太郎「戦後占領期初代図書館担当官キーニー」）。

岡田は精力的に動いていた。岡田は四月九日に文部省に出頭し、出版法に変わる新たな納本制度を作るため、出版登録法案について社会教育局の各課長や、終戦連絡事務所、司法省、

内務省、特許局など関係担当官らと協議している。出版登録法案は新聞、書籍、雑誌等出版物総体の日本での正確な発行状況を把握するとともに、これを整理保存して一般の閲覧に供し、社会教育の向上を計ることを目的として、納本先を帝国図書館および都道府県の中央図書館とする内容であった。しかし、この案についても立法化はされずに終わった。

キーニーと岡田の間で話し合われたことのうち、図書館員養成機関についてはキーニーの後押しもあり、一九四七年五月に帝国図書館附属の図書館職員養成所として復活し再出発した。図書館職員養成所はのち文部省に移管され、図書館短期大学、図書館情報大学への改組を経て、現在の筑波大学につながっている。このほか、大学の学部にライブラリー・スクールを設置することも議論されたが、こちらは紆余《うよ》曲折《きょくせつ》の末、慶應義塾に設置された（三浦太郎「戦前から戦後占領期日本における図書館員養成の実態」）。

さらに一九四七年からは、公職追放の対象となった人物の戦時下の言論内容を調査するために帝国図書館の蔵書が利用された。国の仕事であるが、岡田は「仕事としては余り楽しいことではなかった」と回顧している（岡田温「終戦直後図書館界大変動期の回顧」（二））。このほか、一九四七年八月以後は、五回にわたって巣鴨の収容所に留置されている戦犯容疑者への図書の貸出も行われた（帝国図書館文書『巣鴨収容所収容戦犯容疑者宛貸出図書目録』）。

日米図書館員の交流と図書館界再建

占領下において、日本とアメリカの図書館員の交流も持たれるようになった。一九四六年四月四日、三宅坂《みやけざか》で第一回日米図書館員懇談会が開かれた。帝国図書館から岡田が参加したほか、東京の大学図書館関係者と、CIE図書館の関係者が集まった。この会合は定期的に開催されたが、米国と日本の図書の国際交換についても再開が話し合われた。

日本図書館協会も、有山崧《ありやまたかし》を事務局長に、奉天連図書館長だった衛藤利夫《えとうとしお》を理事長に迎えて、混乱からの再建を進めていた。戦争中に休刊を余儀なくされていた『図書館雑誌』も一九四六年六月に復刊された。

四六年四月にキーニー・プランが私案として作成されたことはすでに触れた。この六月には、文部省、中央図書館長会議、日本図書館協会などで図書館改革を推し進め、再出発をはかる日本にふさわしい統一的な図書館法規を制定しようという機運が高まってきていた。旧図書館令を改正し新たな図書館法を制定するため、大阪、長野、香川、福岡、名古屋、千葉など各地の中央図書館長が帝国図書館に集まり、八月一五日から一七日まで昼夜問わず激論を戦わせたという。この会合にはキーニーもオブザーバーとして参加した。交通事情も食糧事情も悪く、市内に適当な宿泊施設もないので、遠方からの出席者は帝国図書館の空き部屋で寝起きする有様だったという。この内容は「図書館制度改革に関する委員会報告書」として、文部省社会教育局長に宛てて八月一七日付で提出された。

図書館員同士の交流とは別に、占領軍の政策担当者であるキーニーと岡田らや衛藤、有山など東京の図書館関係者の間での会合も持たれるようになった。この会合は、一九四七年二月以降、CIE本部が置かれた放送会館五一〇号会議室で毎週金曜日に定例的に開かれたので「金曜会」と呼ばれる。金曜会は四七年四月にキーニーが突然解職され、帰国した後も続けられた。金曜会については、日本の図書館関係者がアメリカの占領政策に乗せられた面もあるかもしれない。岡田もこの点を認めつつ、キーニーは日本の図書館員の意見を十分尊重して少しも押し付けがましいことを言わなかった点を信頼できたと評価している（岡田温「終戦直後図書館界大変動期の回顧」（一）（二））。

しかし結果として、キーニー・プランは占領政策のなかで採用されることはなかった。その一因として、プラン自体が中央集権的な性質を持ち、戦前の中央図書館制度につながる側面を持っていた点が挙げられる。キーニー自身の思惑とは別に、統制につながりうる構想として忌避されたのである。キーニーが日本の図書館関係者に自身の案を語っていたのと同じころ、CIE内部では帝国図書館以外を文部省の管轄から独立させ、日本図書館協会の下で監督させる「分権案」も作成されていたという（三浦太郎「戦後占領期初代図書館担当官キーニー」）。

国会図書館法公布

こうして、一九四六年から四七年にかけて、文部省を中心とする図書館改革の流れが起こってきた。ところが、それとは全く違うところから、新しい国の図書館の設置が議論されるようになった。国会図書館である。

一九四六年の第九〇回帝国議会以後、議会図書館設立に関する請願・建議が相次いでなされた。衆議院で提出された大内兵衛《おおうちひょうえ》らの「議会図書館設置に関する請願」について、九月一七日、貴族院本会議で姉崎正治《あねさきまさはる》議員が請願への賛成討論を行った。姉崎は国際的に活躍する宗教学者であり、また関東大震災後で被災した東京帝国大学附属図書館の再建に力を尽くした図書館人であった。日本図書館協会でも理事を務めた。

姉崎いわく、今の帝国議会にも両院に図書室はあるが、立法の参考になるような資料がない。現在、帝国図書館は日本の「国立図書館」ではあるが、位置も機能も不適当である。そこで「議会図書館を中枢にして、そうして国立図書館の設備を整え、帝国図書館其の他を併せて、堂々たる図書館にして、唯単に議会の為でなく、国の為の図書館と云うことにする必要がある」というのである（『第九〇回帝国議会貴族院本会議』第三三号）。『国立国会図書館三十年史』などを見る限り、これが新設の議会図書館と帝国図書館の統合に関する意見の初出のようである。ただ、議会の図書館と帝国図書館ははじめから一体のものとして作るべきだと考えられていたわけではない。当面は、国会議員のための図書館をどう充実させるかが課題であった。一九四七年三月一九日、貴衆両院による修正を経て国会法が可決された（四月三〇日公布）。同法では、議員の調査研究に資するため、国会内に一般も利用できるような国会図書館を置くことが定められた。三月二五日には、大野伴睦外一九名により国会図書館法案が衆議院に提出され、三月二八日に衆議院で、三〇日に貴族院で可決され国会図書館法が成立した（四月三〇日公布）。

この国会図書館法はごく簡単な条文で、具体的なサービスは記されていなかった。そのため、一九四七年五月、新憲法下での新たな国会が召集されると、六月以降、衆議院図書館運営委員長の中村嘉寿《かじゅ》、参議院図書館運営委員長の羽仁五郎《はにごろう》および衆参両院の調査部において議論が重ねられ、国会図書館の組織や運営、資料収集について、米国の議会図書館をモデルとした調査が重ねられた（『三十年史』）。そして七月一二日、両院議長からGHQに対し、国会図書館設立準備の顧問として、米国から図書館の専門家を招聘したいとの要望が提出された。

こうした動きとは別に、上野の帝国図書館は同年、戦争で途絶していたアメリカとの国際交換事業を再開させるとともに、一二月四日には名称を「国立図書館」へと改称し、さらに同月二〇日には経理課、集書部、目録部、運営部、調査部、国際図書交換室などからなる事務分掌規程を定め、新たな体制をスタートさせようとしていた。

帝国図書館が国立図書館へと名を変えてほどなく、暮れも押し迫った一二月一四日に、さきの衆参両院の要請を受けて、米国議会図書館副館長のヴァーナー・W・クラップと米国図書館協会東洋部委員長チャールズ・H・ブラウンが図書館使節として来日した。彼らは、来日したその日に国立図書館を訪問したが、この日は日曜日だったため、岡田ら幹部職員は不在であった。彼らは一二月一七日から翌年一月六日にかけて、図書館運営委員会と協議を重ねるなかで、国会図書館法に代わる新たな国立国会図書館法の制定に向けた案をまとめていった。しかしこのことが、新たな装いで出発した国立図書館だけでなく図書館界全体を揺るがすうねりとなっていく。

国立図書館と国立国会図書館

一九四七年一二月二九日、クラップ、ブラウンによって「上野公園の国立図書館修正勧告」が示された。年末年始のことで、かつ翻訳に時間がかかったため、岡田がこの勧告の内容を知ったのは年明けの一月八日だった。岡田にとっては衝撃的な内容だった。そこには、国立図書館が二つ存在することは一国内での統一的なサービスに不都合なので、上野公園の国立図書館は、新たに作られる国立国会図書館に、一九五〇年一月までに「併合」すべきであるということが書かれていたのである。また、上野の国立図書館の施設は国立国会図書館への併合後、東京都に移管し、都民のための図書館として発展していくことも書かれていた。占領軍の勧告は絶対的なものであり、とくにクラップ、ブラウンは日本側からの要請で来日した米国の図書館専門家であったから、その意見は到底押し返すことができないものであった。

金森徳次郎　国立国会図書館「近代日本人の肖像」より

一月二四日、文部省から加藤宗厚も加わり、アメリカ図書館使節の覚書に対する意見を作成した。同月二八日には、日本図書館協会の意見をまとめ、三〇日付で各方面に配布するなど、「抵抗にならない抵抗」を続けていた。岡田は新聞や雑誌等にも、国立国会図書館法の制定過程が非民主的であるといった反論を発表していった。

その一方で、国立国会図書館法をめぐる審議は順調に進んでいた。一九四八年二月四日、衆参両院の本会議で可決され、二月九日に「国立国会図書館は、真理がわれらを自由にするという確信に立って、憲法の誓約する日本の民主化と世界平和とに寄与することを使命として、ここに設立される」という前文を持つ国立国会図書館法が公布・同日施行された。同法第二二条では、クラップとブラウンの勧告を受け、上野の国立図書館は一九四九年四月一日までに国立図書館の支部図書館とすることが定められた。二月二五日には、第一次吉田内閣で憲法担当の国務大臣を務めた金森徳次郎《かなもりとくじろう》が初代の館長に任命された。国立国会図書館は、赤坂離宮（旧迎賓館）を仮庁舎として、六月に開館した。

国立図書館と国立国会図書館の関係について、もう少し述べておく。三月四日、金曜会員を招待して東中野の洋食レストラン「モナミ」で、金森館長の披露会が開かれた。この席上で、中村嘉寿衆議院図書館運営委員長から、国立国会図書館はわが国図書館の伝統や慣習を排除し、新人を起用して出発するので、旧図書館人は傍観してほしいという趣旨の発言があり、図書館関係者の反発を買った。

その数日後、金森が岡田を訪問して、国立国会図書館幹部への就任を要請した。これまでの経緯から固辞する岡田であったが、金森徳次郎の説得により受諾し、一九四八年五月、岡田は国立国会図書館の整理部長として転出することとなった。その経緯について、岡田は「私が上野図書館から国会図書館へ移ったのも、当時の図書館関係では、非常に色々噂されたんです。よくも、まあ、あいつ行ったなあ…と。でも、官吏ですから、命令で行ったんで、べつに嫌だと言いませんでした。むしろ、国会図書館が出来た時は、日本の図書館界一般から、非常に疎外されていたんですね。協力者があまりいなかったんです」と述べている。「国会図書館は、進駐軍が作っていったものだ」という反発も当時多かったという（「初代編集長・岡田温氏に聞く」）。

最後の国立図書館長・加藤宗厚

岡田離任後の国立図書館では、文部省社会教育課長の柴沼直《しばぬまなおし》が館長事務取扱となったのち、一九四八年六月一八日付で、加藤宗厚（一八九五〜一九八一）が就任した。加藤は図書館教習所を卒業後、一九三〇年から帝国図書館に司書として勤務していたが、一九四〇年に富山県立図書館長として転出、四四年には、東京都立日比谷図書館の中田邦造の要請により東京に戻り、東京都立深川図書館長となって蔵書の疎開事務を担当

加藤宗厚　『私の図書館生活』より

した。戦後は文部省社会教育局の嘱託となり、岡田とは異なる立ち位置から図書館法の制定に関わっていた。文部省が加藤を岡田の後任館長に推したのは加藤の上野勤務経験があってのことだが、加藤としては「暫定館長、店仕舞のための清算人に過ぎない」という胸中だったという（加藤宗厚『最後の国立図書館長』）。

一九四八年七月、加藤館長が各課長の報告をもとに『国立図書館の現状』と題する報告書を作成した。加藤によると、前任者ならびに当局者を刺激することを恐れて公表は控えたとされるが、国立国会図書館への合併を控えた旧帝国図書館の最後の自画像として注目される。加藤の著作集や『国立国会図書館五十年史』資料編に全文収録されているので、簡単に内容を検討しておきたい。

全体は九章からなり、「緒言」「上野国立図書館の使命」「国立図書館の蔵書」「書庫の狭あい」「現在の滞貨と所要の書庫」「学位論文」「施設の不備」「滞貨の現状とその理由」「結論」から構成される。

蔵書については、上野国立図書館の蔵書は現在一〇五万、ほかに雑誌、新聞七・五万、計一一二万五〇〇〇冊で、わが国第三位の図書館と称せられている。しかし実際利用に供されているものは六八万、ほかに新聞雑誌七万五〇〇〇、計七五万五〇〇〇冊である。さらに同報告書では、算定根拠が不明だが「実際上は一九二八―一九四五年に至る間の統計によると納本による受入は全出版物の五六%にすぎない」という重要な指摘がある。書庫の狭隘と整理人員の不足によって、その五六%の納本をすら完全に保存整理できない状態である。

国立図書館は蔵書を甲乙丙に区分して管理していた（コラム3参照）。内訳は甲部が六割、乙部と丙部が二割ずつあり、丙部は一定期間保存の後、保存の必要なしとして廃棄していた資料である。乙部図書も未整理のまま、火災等の防備も不十分な状態で木造の書庫に積み置かれている状態が続いている。戦時中から、事務室や閲覧室を資料保管場所に転用しており、これら未整理資料についてもあちこちにはみ出して置かれていた。「滞貨は現在事務室、廊下、書架の間に山積し塵埃《じんあい》の汚損に委されている状況である」と書かれているのが生々しい。

トイレの前に積まれた博士論文
『サン写真新聞』1948年9月24日発行より

一九三〇年代に文部省から移管されるようになった学位論文も「我国立図書館において他に誇るべき最も優秀なる集書」であるものの、整理が間に合わず、新規の受け入れは困難との状況が示される。その一部は、使われていない婦人用の化粧室前に置かれていた。

かなり限界に近い旧帝国図書館の現状が率直に綴られており、公表されれば確かに物議を醸したであろう。しかしこの文書作成に関わった図書館職員に思いを致すとき、震災や戦争の時代を奇跡的にくぐり抜け、限界を迎えても残った満身創痍《そうい》の図書館と一〇〇万冊の蔵書への共感を見て取ることもできるように感じられる。

コラム7　入館料金と年齢制限の変遷

すでに述べてきたように、東京図書館が上野に移転して以後、帝国図書館の時代に至るまで同館では閲覧料を徴収していた。基本は尋常閲覧券一枚が二銭、尋常一〇回券が一二銭、特別券が一枚五銭、特別一〇回券が三〇銭であった。この金額は東京図書館から帝国図書館になっても据え置かれたが、第一次大戦後の一九二〇（大正九）年四月に値上がりし、尋常一枚三銭、尋常一〇回二〇銭、特別一枚一〇銭、特別一〇回七〇銭となった。一九四四年一月には尋常・特別の区別を廃し、閲覧料一回一〇銭に統一している。適切な比較対象が見つけにくいが、かけそばの値段が、帝国図書館新館開館の一九〇六年で二銭五厘、一九二〇年で八銭から一〇銭、一九四一年で一六銭とされている（週刊朝日編『値段の明治・大正・昭和風俗史』上巻）。感覚的には、尋常一回はそば一杯よりは安かったことになる。田中稲城は、本来は閲覧料を徴収しないのが適当だが、書庫・閲覧室が狭隘を極めるなか、閲覧人をある程度制限する上でやむを得ない措置と捉えていたようである（石山洋「明治大正期の国立図書館における入館料に関する諸見解をめぐって」）。戦後、閲覧料は五〇銭に引き上げられ、国立国会図書館に統合されるまで有料制が続いた。

年齢の制限もあった。これは上野移転後の東京図書館時代に遡る。一八八八年七月六日のことで、図書の利用は満一五歳以上の者と定められた。手島精一主幹時代の参考図書館機能強化の一環と考えられる。それまでは年齢制限が無く、かつ湯島時代は無料だったので、歴史学者幸田成友は、東京師範学校附属小学校上級生の頃から、東京図書館に頻繁に出入りした（幸田成友『凡人の半生』）。これが満二〇歳以上に引き上げられるのは、一九四一年一一月の帝国図書館規則改正によってである（『五十年史』資料編）。ただし高等学校や専門学校、高等師範学校の在学生は引き続き利用が認められた。一九三五年以後減少していた利用者数は、年齢制限導入でさらに減ったが、昭和戦前期において帝国図書館の利用者中に一〇代後半の者が多数いたことを物語っていよう。現在、国立国会図書館東京本館や関西館に入館して資料を利用できるのは原則満一八歳以上とされている（国際子ども図書館は一八歳未満でも利用できるが、同館児童書研究資料室は原則一八歳以上の利用と決められている）。利用年齢が一八歳に引き下げられたのは二〇〇二年のことで、それ以前は二〇歳以上とされていた。

終　章　国立国会図書館へ

閉庁式典と蔵書の移転

国立図書館は一九四九（昭和二四）年三月三一日で閉庁となり、翌日の四月一日から国立国会図書館に統合されて、名称は国立国会図書館支部上野図書館と改められた。三月三一日、多数の来賓出席のもと、国立図書館内で閉庁式が挙行された。

加藤館長は式辞のなかで歴史を振り返り「本館の辿って来ました八十年の歴史は、必ずしも輝かしいものではありませんでしたが、明治・大正・昭和にわたる出版物の各一部を受け入れ、これが整理保存利用に任じ、その他、国際図書の交換事務並《ならび》に学位論文の整理等、国立図書館としての機能を完《まっと》うすることにつとめて来ました」と総括し、今後は国立国会図書館が国内の納本図書館ならびに国際交換の機能を継承することで、上野の図書館は東京都民へのサービスに注力することとなっており、「文化財の保存と、これが利用による消耗との矛盾になやまされた本館の経営は、一応清算せられ」ることになると述べた（『略史』）。

帝国図書館とは何だったのだろうか。国立国会図書館への突然の合併を経て、その役割は

支部上野図書館の館内（昭和後期）　国際子ども図書館ウェブサイト「建物の歴史」より

過去のものになったのだろうか。昔の『図書館雑誌』などを見ていると、国立国会図書館が帝国図書館の否定の上に成り立っているかのような考えに出会うこともある。しかし、いかに予算がなく、施設も完成せず、不十分な活動しかできなかったとしても、国立図書館としての帝国図書館の積み重ねがなければ、国立国会図書館が現在のような形で発展してくることもなかったであろう。

一九五二年一〇月三一日には、上野図書館にて開館八〇周年記念の式典が催された。これまで何度も引用してきた『上野図書館八十年略史』はこの八〇年記念事業として作成されたものである。『略史』の序において、金森徳次郎国立国会図書館長は「過去八十年の歳月を顧みるとき、累積して其の効果を考えると随分大きなものがある。主観的な意味においては発達のあとは不満足だ。しかし客観的な意味においては日本の文化に巨歩を印したことを誰でも認めるであろう」と述べた（『略史』）。また、『略史』別冊では著名な学者や文化人に行った上野図書館についてのアンケート結果を載せており、当時の利用者の声として貴重である。

国立国会図書館は、開館直後、赤坂離宮で業務を行っていたが、一九六一年、永田町に国立国会図書館の新庁舎（現在の東京本館）が完成すると、これまで収集してきた上野図書館の一〇〇万冊の蔵書のうち八八万三三六一冊が永田町に移送されることとなった。一九六一年の八月から一一月にかけて行われたこの大規模な割り付けを担当した職員は、最後の本が棚に置かれたときにどこからともなく万歳三唱が聞こえて来たと回顧している。「国立国会図書館を成立せしめるためには帝国図書館の資料は不可欠であった」（長嶋孝行「一〇〇万冊の割り付け」）とあるが、至言であろう。その後、支部上野図書館は、書庫に残された一〇万冊を元に、第一、第二閲覧室と公開書架室あわせて四五〇席をもって閲覧業務を行うこととなった。蔵書は減ったが、一九六〇年代のある利用グループは「上野にこそ勉学と研究の雰囲気がある」という意見を語っていたという（酒井悌「上野図書館の歴史と現況」）。

国際子ども図書館へ

もう少しだけ、上野図書館のその後に触れておこう。

国立国会図書館の支部となり、所蔵資料の大半が永田町に移送されると、上野図書館は次第に博士論文や個人コレクションなど専門的な資料を閲覧に供する施設として位置づけられるようになっていった。一九六四年一一月から、財団法人日本近代文学館からの寄託契約に基づき、日本近代文学館文庫の閲覧室を設けた。近代文学館はその後目黒区駒場に施設の本建築を行うことが決まり、一九七〇年三月に寄託解除、資料返還となった。また、一九八一年にはバレエ・音楽評論家として知られる蘆原英了《あしはらえいりょう》のコレクションの寄贈を受けて整理を開始し、一九八五年から特別許可制による館内閲覧を開始した。出版界で活躍した布川角左衛門《ぬのかわかくざえもん》が蒐集した出版関係コレクションの寄託も受け付けた（『七十年史』）。

しかし、利用者の数は年々減少していき、一九七七年度は一日平均三六三人、一九七九年度には一日平均二九〇名、一九八五年には二二〇人前後、一九九五年には一日平均二二五人まで減少していたとされる（『五十年史』）。一九七九年にまとめられた『国立国会図書館三十年史』は、「職員も現員一四名、百数十名を擁したあの日のざわめき、入館をまつ閲覧者の長蛇の列など、今は夢物語となった」と記している。

支部上野図書館の東京都への移管問題については、具体的な進展がないまま時が流れていった。そもそも一九四九年に東京都への移管話が浮上した背景には、空襲などにより多くの図書館が焼失したため、東京都の大規模図書館が日比谷しか存在しなかったという当時の事情があった。その後東京都では一九七三年に港区に中央図書館、一九八七年に多摩図書館を開館させ、体制が充実してきたので、国立国会図書館では一九九二年に東京都との話し合いを持ち、上野図書館の都への移管は中止となった。翌九三年に国立国会図書館法を改正して、支部上野図書館については「図書及びその他の図書館資料を一般公衆の利用に供することを主たる目的とする支部図書館として、支部上野図書館を置く」（第二二条）と定められた。

そして、国立国会図書館では上野のサービスの検討を進め、「子ども」に焦点を当てた児

国際子ども図書館　国際子ども図書館ウェブサイトより

童専門図書館とする案が浮上してきた。一九九〇年代には、子どもの読書離れを懸念する声も多く存在しており、超党派の国会議員からなる「子どもと本の議員連盟」から、一九九五年一一月に「国際子ども図書館設立の申し入れ書」が国立国会図書館長宛に提出されていた。こうした国会の動きとともに、作家・出版社等の児童書関係者らの積極的な働きかけもあり、支部上野図書館を児童書専門の図書館としていく案が国立国会図書館内でも急速にまとめられていく。以後も調査会や計画策定の作業部会で様々な検討が重ねられ、支部上野図書館は、二〇〇〇年に国立国会図書館支部国際子ども図書館として部分開館し、二〇〇二年に全面開館して現在に至っている。

帝国図書館とは何であったのか

以上、粗い素描であるが、明治時代の書籍館開館以後、我が国の国立図書館が歩んできた軌跡を、同時代の現象との関わりのなかで探ってきた。決して順風満帆とはいえない国立の図書館の歩みであったが、そのなかで一〇〇万冊の蔵書は集められ、今日にまで伝えられてきたのである。

帝国図書館とは何であったのか。いま一度想起したいのは、一冊一冊の本の価値だけでなく、一〇〇万冊の蔵書全体が持つ意味についてである。それについては、第四章で紹介した三宅雪嶺が帝国図書館開館式で述べた式辞が参考となる。三宅は、日本の発展を支えてきた「過去の勢力過去の思想」が、帝国図書館の蔵書中にこそ残されており、日本の発展を理解するためには、帝国図書館の蔵書全体を解釈しなければならないと語った。国立の図書館の蔵書は、日本の文化の記録である。そして、こういってよければ、各時代において日本思想史の最前線を更新し続けてきた近代日本の「知」の物語そのものである。

国立図書館としての帝国図書館が追求してきたのは、内外古今の出版物をできる限り広範囲に収集し、後世に残していくための保存の機能と、それを利用して国民の知識・教養の向上を図っていくという提供の機能の両立であった。「一国の図書記録の保存は国家の責任なり」と言って国立図書館の理想を追求した田中稲城や、「利用者本位」を掲げて図書館の民衆化を図り、ＰＲ活動に力を入れて図書館の役割の周知を図ろうとした松本喜一の活動に思いを致すとき、それぞれの理想はまだ過去のものとなっていないように感じられる。むしろインターネットが普及して、情報が多様化する一方、フェイクニュースの跋扈《ばっこ》などに翻弄されつつある現代こそ、私たちと図書館の関係、私たちにとっての国立の図書館が存在することの意味を、歴史を振り返りつつ考え直す機会が重要となってきているのではないだろうか。

繰り返しになるが、帝国図書館の理想の実現は予算の壁などによって大きく阻まれてきた。書庫や閲覧室が慢性的なスペース不足に悩まされ続けた国立図書館の歴史というのは、あまり名誉なものとはいえないかもしれない。帝国図書館の認知度も、日本社会全体ではいまだ低かった。利用者の大半が東京在住者に限られていたということは、国民全体に対してサービスを行う国立図書館としての機能は、十分果たせていなかったことを意味する。

その当時と比べると、今日では国立図書館の存在感や果たす役割はますます重くなっている。国立国会図書館は中期計画二〇二〇―二〇二五の中でデジタルシフトを明確に打ち出し、現在は国立国会図書館デジタルコレクションで、デジタル化された旧帝国図書館蔵書の大部分をパソコンやスマートフォン等の個人端末の画面上で簡単に閲覧できるようになった。資料の全文検索の仕組みも整えられつつあり、さらに登録利用者であれば、絶版資料も個人の端末から画像閲覧することが可能となっている。いまや帝国図書館の蔵書はかつてとは全く異なる形で国民に届けられるようになった。

私たちにとって図書館は何なのか。一人一人答えは違うだろうが、それは繰り返し問い続ける価値のある問いである。帝国図書館の軌跡は、そのための豊富な材料を提供してくれるものだといえる。

コラム8　帝国図書館の職員構成

図書館では多くの人が働いている。戦前の官吏制度においては、官吏の等級が勅任・奏任・判任に分けられていた。帝国図書館官制に明記されている館長・司書官・司書・書記にあたる事務官の名前は、大蔵省印刷局『職員録』に名前が載っているが、判任の下で事務を行う雇員《こいん》や肉体作業等に従事する傭人《ようにん》の名前は、こうした名簿からは見えてこない。

田中稲城退任問題に際し、動揺が大きかったのは館の「上層部」で、自らを含む雇員以下は「日常と変りなく」業務に専念していたと青山大作は回顧している（青山大作『図書館随想』）。「上層部」とは司書、書記等判任官以上の者のことで、館の「上層部」と雇員以下の意識ははっきり異なっていた。一九三〇（昭和五）年の『帝国図書館年報』で見ると、館長一人、司書官が五名（内兼官三名、文部本省、維新史料編纂所事務局、東京文理科大学と兼官）、司書が一二名（館内の兼官一名）、書記六名（文部本省との兼官三名）となっており、嘱託が九名、雇員が二三名、巡視八名、図書出納手四五名、給仕二名、小使一三名、製本職工四名、火夫二名と書かれている。年報「職員表」では嘱託、雇員までを含めた数字を載せ、出納手や給仕などを含まない場合があり、『略史』巻末に掲載の数値と年報記載の職員数は一致しない。兼任の司書官などは図書館の仕事はほぼ行わず、年に一回、式典等に顔を出す程度であったようだ（岡田温先生喜寿記念会編『岡田先生を囲んで』）。なお、利用者と接点が多く小説や回想等でもしばしば描かれる下足番や閲覧券の販売人、売店や食堂の店員は請負業者である。

第二代帝国図書館長の松本喜一は学歴を重視し、大学卒業者の積極的な採用に努めた。東京帝国大学文学部社会学科を卒業した岡田温の採用などはその例である。ただし司書は官制で定員が決まっているので、まず嘱託として採用し、欠員が生じた場合や司書の増員に乗じて司書への任官を進めた。ただ、帝国大学出身者（私学は除外）の職員で「大学会」なる会食や行楽が催され、党中党をつくるものとして館内の反発もあったようだ（青山前掲書）。

帝国図書館では、日中戦争が勃発した一九三七年一〇月、曝書のための休館日を利用し、焼夷弾の模型なども用いて初めて構内での防空演習を行ったとされている。その参加者は約一四〇人という（帝国図書館文書『上野図書館沿革史料集』）。このイベントでは事務官はもとより、嘱託・雇員及び傭人までが参加して、本格的な訓練を行ったようである。曝書や大規模な戦時下の図書疎開作業なども、雇員以下総出で行われたものと思われる。

あとがき

史料との出会いによって新たな世界が開ける体験は、歴史研究者冥利《みょうり》に尽きるものであろう。本書で用いた「帝国図書館文書」との出会いは、私にとって、図書館員時代のかけがえのない経験の一つであった。

本文書群の存在は、国立国会図書館に職を得た頃から西村正守氏らの論稿を通じて知っていた。ただ、その内容は断片的に伝わるのみで、新人の一職員が希望してアクセスできる状態ではなかった。だからそのデジタル化作業と公開に向けた準備を自分が担当することになったとき、史料との不思議な縁を感じたものである。準備を進めるなかで、同文書を用いた研究成果を発表されたことのある当時の大滝則忠館長からはさまざまな貴重なお話をお聞かせいただいた。その後私が図書館を退職して大学に移ったため、帝国図書館文書の公開に向けた細かい調整等は全て後任に引き継がざるを得なかったが、万事円滑に進めていただいた。関係職員のみなさんには、ただただ感謝のほかはない。

本書の執筆は、まず、帝国図書館文書にある『上野図書館沿革史料集』の記事をExcelへ入力することから始まった。この史料は、帝国図書館史上の諸事件を帝国図書館文書中の情報から抄録して、年表風にまとめたものであるが、必ずしも年代順の配列とはなっていない。そこでこれをデータ化して年代順に並べ替えることができれば、それをもとに帝国図書館の新しい通史が描けるのではと考えたのだった。しかし作業は遅々として進まず、ようやく入力が完了したのが二〇一一年の夏で、本書執筆の依頼を受けてからすでに二年が経過していた。その後も関連の新聞や雑誌の記事を集めては年表に投入する作業を繰り返し書いたのが、すなわち本書である。

コラムにも書いたが、執筆の過程で強く意識させられたのは、かつての国立国会図書館に勤務した先輩職員たちによる、帝国図書館の本格的な通史への意欲であった。『略史』以後の本格的な通史が存在しないとはいえ、帝国図書館に関する重要な個別論文は数多く存在していた。私が本書で新たに発見しえたことはわずかに過ぎず、もっぱら先行研究を引用して一つの物語にまとめ上げることで精いっぱいだった。しかも、それすら完全ではない。紙幅の都合から割愛せざるを得なかった論点や、もっと掘り下げて検討すべき課題もある。私自身にとっての今後の検討課題としていきたい。

電子書籍の普及などにより、「出版」という営みが根源から問われる現在、改めて思うことがある。それは、編集・製版・校正・印刷・製本・流通という手続きを経て一冊の本が世に送り出される過程には、人が個人でできる範囲を超えた社会的な価値が宿りうるということである。図書館とはそうした社会的な営みの成果を集めて整理、保存し、社会に還元していく装置であり、その積み重ねの意義を問うことが、すなわち図書館史や出版史の目標なのであろう。本書の価値の評価は読者の判断にゆだねるほかないが、筆者にとって二冊目の単著となる本書も、多くの方々のお力添えなしでは完成までたどり着けなかった。ここにお名前を印して感謝の気持ちをお伝えしたい。

まずは、恩師の中野目徹先生に感謝申し上げたい。新書執筆の依頼を受け、不安に感じたことを最初にご相談申し上げたとき、人から期待されたテーマより、自分自身の研究課題を確実に発展させるテーマを慎重に選んだ方がよいのではないかとご助言いただいたことから、本書の構想は始まった。先生のお眼鏡に適う内容に仕上がったかどうかは甚だ心許ないが、今後も学恩に報いるべく研究を続けていきたい。中野目先生が主宰される日本近代史研究会のメンバーからも常に多くの刺激をいただいている。なかでも熊本史雄氏からは、中公新書執筆の先輩として、数々の具体的なアドバイスを賜った。また、大沼宜規氏は、ゼミおよび国立国会図書館の先輩として、その緻密なお仕事に圧倒され続けているが、国立国会図書館入館直後の私に最初に図書館史研究を勧めてくださったのは実は大沼氏であった。本書刊行の旨をお伝えしたところ、お二方からはあたたかい激励のお言葉をいただいた。とくに記して御礼申し上げたい。

帝国図書館について研究発表の機会をくださったメディア史研究会の有山輝雄先生、飯塚浩一先生、出版法制史研究会の浅岡邦雄先生、日本図書館文化史研究会の三浦太郎先生、また国立国会図書館在職中に図書館史の勉強会でお世話になった春山明哲氏、柳与志夫氏、大場利康氏、鈴木宏宗氏、私が京都の関西館勤務の頃から続けている図書館史勉強会・関西文脈の会の参加者にもお礼申し上げたい。白百合女子大学基礎教育センターの今井福司氏からは、第六章の一部につき有益なご助言をいただいた。全ての方のお名前を挙げていくことはできないが、国立国会図書館時代の元同僚たちからも、執筆中、折に触れて貴重なコメントをいただいた。史料の閲覧にあたっては国立国会図書館や国立公文書館、東京都公文書館、城西国際大学水田記念図書館や、筑波大学附属図書館ほか多くの機関のお世話になった。とくに国立国会図書館総務部総務課には事務文書の開示請求でご対応いただき、筑波大学図書館情報メディア系の呑海沙織先生には、本書に使用した史料閲覧のため格別の御高配を賜った。記して御礼申し上げたい。

編集をご担当いただいた中公新書編集部の上林達也氏、吉田亮子氏にも心よりお礼申し上げる。執筆の進まない私に毎回絶妙なタイミングで叱咤激励のメールを下さる上林氏からは編集のプロフェッショナルの凄みを感じずにはいられなかった。上林氏の異動後に事務を引き継いでくださった吉田氏からは、読者目線で読みやすさを意識した貴重なご助言をいただいた。かなり読みにくい原稿だったと思われるが、編集部ならびに校閲の方々の丁寧な作業のおかげでここまで形にできた。心から感謝したい。

また執筆中、怠惰な私を叱咤してくれた家族、とりわけ執筆時間の確保に協力してくれた妻子にも感謝する。この頃、「本がたくさんある場所」として上野の図書館に興味を持ち始めたらしい息子を含め、本書が、図書館や出版、読書に関心を持つ多くの人のもとに届き、近代日本の文化の一面に対する理解を深めるためのきっかけとなれば、幸いである。

二〇二二年一〇月三一日　上野図書館開館八〇周年式典から七〇年目の日に

長尾宗典

主要参考文献

基本史料・基本文献

『上野図書館八十年略史』本編・別冊（一九五三年、国立国会図書館支部上野図書館）

国立国会図書館編『国立国会図書館三十年史』本編・資料編（一九七九年〜八〇年、国立国会図書館）

国立国会図書館五十年史編纂委員会編『国立国会図書館五十年史』本編・資料編（一九九九年〜二〇〇一年、国立国会図書館）

国立国会図書館七十年記念館史編さん委員会編『デジタル時代の国立国会図書館』（二〇二一年、国立国会図書館）

国立国会図書館支部上野図書館『帝国図書館年報』（一九七四年、国立国会図書館）

「特集　上野図書館」『国立国会図書館月報』第四二七号（一九九六年一〇月）

「上野の図書館」『国立国会図書館月報』第七一〇号（二〇二〇年六月）

「第一二五回常設展示　帝国図書館の誕生」展示資料リスト、リサーチ・ナビ（https://dl.ndl.go.jp/view/download/digidepo_9998373_po_125.pdf?contentNo=1）

「建物の歴史」国際子ども図書館ウェブサイト（https://www.kodomo.go.jp/about/building/history/index.html）

『東京図書館一覧』（一八九〇年、東京図書館）

『帝国図書館設立案』（一八九六年、東京図書館）

『帝国図書館概覧』（一九〇六年、帝国図書館）

『帝国図書館一覧』（一九一二年、帝国図書館）

国立国会図書館所蔵帝国図書館文書

同志社大学竹林文庫所蔵田中稲城文書

「帝国図書館沿革史案」（第一次資料）（筑波大学知識情報・図書館学群所蔵）

引用史料

新聞・雑誌記事の出典は本文中に記したので紙誌名のみ掲げる。

『官報』『今世少年』『国民新聞』『サン写真新聞』『時事新報』『出版警察資料』『出版月評』『書物往来』『書物展望』『新聞雑誌』『太陽』『電報新聞』『東京日日新聞』『読書之友』『図書館雑誌』『日本』『日本帝国文部省年報』『風俗画報』『都新聞』『読売新聞』『万朝報』

＊

芥川龍之介『大導寺信輔の半生』（一九三〇年、岩波書店）

主要参考文献

鵜の眼鷹の眼生編『落書の東京』（一九一二年、紫紅社）
小川一真『東京帝国大学』（一九〇〇年、小川写真製版所）
小川一真『東京風景』（一九一一年、小川一真写真部）
菊池寛「半自叙伝」『菊池寛全集』第一二巻（一九二九年、平凡社）
京都大学文学部日本史研究室編『田中不二麿関係文書』（二〇一二年、思文閣出版）
幸田成友『凡人の半生』（一九四八年、共立書房）
国立教育研究所第一研究部教育史料調査室編『学事諮問会と文部省示論』（一九七九年、国立教育研究所）
竹林熊彦「田中稲城著作集」（一）～（三）『図書館雑誌』第三六巻第六号、第七号、第九号（一九四二年六月～九月）
田中稲城『東京図書館に関する意見要略』（一八九一年、私家版）
田中敬『図書館教育』（一九一八年、同文館）
田山花袋『東京の三十年』（一九一七年、博文館）
夏目漱石『思ひ出す事など』（一九一五年、春陽堂）
西尾豊作『子爵田中不二麿伝』（一九三四年、咬菜塾）
福澤諭吉『西洋事情』初編巻之一、二版（一八七〇年、慶應義塾出版局）
三木清『時代と道徳』（一九三六年、作品社）
三宅雪嶺『真善美日本人』（一八九一年、政教社）
三宅米吉編『聖堂略志』修訂版（一九二二年、斯文会）
宮本百合子「蠹魚」『宮本百合子全集』第一七巻（一九八一年、新日本出版社）
森銑三・柴田宵曲共著『書物』（一九四四年、白揚社）
文部省編『図書館管理法』（一九一二年、金港堂書籍）
弥吉光長、栗原均編『日本図書館協会百年史・資料』第一輯（一九八五年、日本図書館協会）
吉屋信子『処女読本』（一九三六年、健文社）
和辻哲郎『自叙伝の試み』（一九六一年、中央公論社）
『高等教育会議議事速記録』明治三二年開催（一八九九年、文部省）
国立公文書館所蔵『公文録』
東京都立公文書館所蔵文書

著作・論文

青木次彦「〝図書館〟考」『文化学年報』第二三・二四号（一九七五年三月）
青山大作『図書館随想』（一九八七年、青山イト）
秋庭太郎『考証永井荷風』上巻（二〇一〇年、岩波現代文庫）
有泉貞夫「田中稲城と帝国図書館の設立」『参考書誌研究』第一号（一九七〇年一一月）

有泉貞夫「明治国家と民衆統合」『岩波講座日本歴史』第一七巻（一九七六年、岩波書店）
有山輝雄『占領期メディア史研究』（一九九六年、柏書房）
飯田泰三『大正知識人の思想風景』（二〇一七年、法政大学出版局）
石井敦『日本近代公共図書館史の研究』（一九七二年、日本図書館協会）
石井敦「一九一〇年代における図書選定事業」弥吉光長先生喜寿記念会編『図書館と出版文化』（一九七七年、弥吉光長先生喜寿記念会）
石井敦監修『新聞集成図書館』全四巻（一九九二年、大空社）
石黒宗吉「上野図書館　その栄光と苦渋の一世紀」『国立国会図書館月報』第一三二号（一九七二年三月）
石山洋「東京書籍館における法律書庫の開設」『図書館史研究』第八号（一九九二年三月）
石山洋「明治大正期の国立図書館における入館料に関する諸見解をめぐって」石井敦先生古稀記念論集刊行会編『転換期における図書館の課題と歴史』（一九九五年、緑蔭書房）
石山洋『源流から辿る近代図書館』（二〇一五年、日外アソシエーツ）
伊東達也『苦学と立身と図書館』（二〇二〇年、青弓社）
稲村徹元「戦前期における参考事務のあゆみと帝国図書館」『参考書誌研究』第三号（一九七一年九月）
稲村徹元「新出資料による『図書館管理法』原型の考察」『参考書誌研究』第三八号（一九九〇年九月）
犬塚孝明『薩摩藩英国留学生』（一九七四年、中公新書）
岩猿敏生「「書籍館」から「図書館」へ」『図書館界』第三五巻第四号（一九八三年一一月）
岩猿敏生『日本図書館史概説』（日外アソシエーツ、二〇〇七年）
ウィーガンド、ウェイン・A著、川崎良孝訳『生活の中の図書館』（二〇一七年、京都図書館情報学研究会）
上野一「手島精一と図書館」『図書館学会年報』第二四巻第一号（一九七八年三月）
宇治郷毅「明治初期における朝鮮国通信使、紳士遊覧団の東京書籍館及び東京図書館参観について」『アジア・アフリカ資料通報』第二四巻第二号（一九八六年五月）
内川芳美『マス・メディア法政策史研究』（一九八九年、有斐閣）
裏田武夫・小川剛編『図書館法成立史資料』（一九六八年、日本図書館協会）
大久保利謙『日本の大学』（一九四三年、創元社）

主要参考文献

大久保利謙ほか「蘭学資料研究会発足の思い出」『参考書誌研究』第三八号（一九九〇年）

大滝則忠「戦前期出版警察法制下の図書館」『参考書誌研究』第二号（一九七一年一月）

大滝則忠・土屋恵司「帝国図書館文書にみる戦前期出版警察法制の一側面」『参考書誌研究』第一二号（一九七六年三月）

大滝則忠「図書館と読む自由」塩見昇、川崎良孝編『知る自由の保障と図書館』（二〇〇六年、京都大学図書館情報学研究会）

大塚奈奈絵「受入後に発禁となり閲覧制限された図書に関する調査」『参考書誌研究』第七三号（二〇一〇年一一月）

大沼宜規「明治前期における「公文館」と「書籍館」」歴史人類学会編『国民国家とアーカイブズ』（一九九九年、日本図書センター）

大沼宜規「明治期における和装・洋装本の比率調査」『日本出版史料』第八号（二〇〇三年五月）

大沼宜規「国立国会図書館所蔵小杉文庫について」『参考書誌研究』第五九号（二〇〇三年一〇月）

岡田温「松本先生を思ふ」『図書館雑誌』第四〇巻第二号（一九四六年八月）

岡田温「旧上野図書館の収書方針とその蔵書」『図書館研究シリーズ』第五号（一九六一年）

岡田温「終戦前後の帝国図書館」『図書館雑誌』第五九巻第八号（一九六五年八月）

岡田温「終戦直後図書館大変動期の回顧」（一）（二）『図書館界』第一九巻第三号・第二〇巻第二号（一九六七年九月～一九六八年七月）

岡田温「斯くして国立国会図書館は生まれ出た」『国立国会図書館月報』第三二九号（一九八八年八月）

岡田温「昭和ひとけた時代の協会の思い出」『図書館雑誌』第八六巻第四号（一九九二年四月）

岡田温・長倉美恵子「初代編集長・岡田温氏に聞く」『現代の図書館』第二五巻第四号（一九八七年）

岡田温先生喜寿記念会編『岡田先生を囲んで』（一九七九年、岡田先生喜寿記念会）

奥泉和久編『近代日本公共図書館年表』（二〇〇九年、日本図書館協会）

小川徹・奥泉和久・小黒浩司『公共図書館サービス・運動の歴史』第一巻（二〇〇六年、日本図書館協会）

小倉親雄「「東京書籍館」無料制の創始とその歴史的意義」『ノートルダム女子大学研究紀要』第九号（一九七九年三月）

小倉親雄「「東京図書館」明治期における無料制の終幕」『ノートルダム女子大学研究紀要』第一四号（一九八八

四年三月）
小倉親雄「「書籍館」の創設とその運命」『ノートルダム女子大学研究紀要』第一八号（一九八八年三月）
小黒浩司「大逆事件と図書館」『図書館界』第四一巻第六号（一九九〇年三月）
乙骨達夫「支部上野図書館閲覧目録の変遷及び現状の概要」『図書館研究シリーズ』第一号（一九六〇年三月）
小野則秋『日本文庫史研究』下巻（一九七九年、臨川書店）
小野泰博「民衆の大学」『UP』第一〇五号（一九八一年七月）
加藤一夫『記憶装置の解体』（一九八九年、エスエル出版会）
加藤一夫・河田いこひ・東條文規『日本の植民地図書館』（二〇〇五年、社会評論社）
加藤宗厚『図書分類法要説』改訂増補版（一九五九年、理想社）
加藤宗厚『私の図書館生活』（一九六六年、私家版）
加藤宗厚『図書館関係論文集』（一九七一年、日本図書館協会）
加藤宗厚『最後の国立図書館長』（一九七六年、公論社）
角家文雄編『日本近代図書館史』（一九七七年、学陽書房）
金高謙二『疎開した四〇万冊の図書』（二〇一三年、幻戯書房）
河井弘志「ナショナル・ライブラリーの理念」『図書館研究シリーズ』第三〇号（一九九三年三月）
川崎良孝『図書館の歴史 アメリカ編』増訂第二版（二〇〇三年、日本図書館協会）
川瀬一馬『日本における書籍蒐蔵の歴史』（一九九九年、ぺりかん社）
熊本史雄『幣原喜重郎』（二〇二一年、中公新書）
国立科学博物館編『国立科学博物館百年史』（一九七七年、国立科学博物館）
国立教育研究所編『日本近代教育百年史』第八巻（一九七四年、国立教育研究所）
国立国会図書館・国際子ども図書館・国土交通省関東地方整備局営繕部監修『「国際子ども図書館」の建築』（二〇〇二年、国土交通省関東地方整備局営繕部）
国立国会図書館百科編集委員会編『国立国会図書館百科』（一九八九年、出版ニュース社）
後藤純郎「東京書籍館の創立」『現代の図書館』第一三巻第二号（一九七五年六月）
後藤純郎「市川清流の生涯」『日本大学人文科学研究所研究紀要』第一八号（一九七六年三月）
後藤純郎「官立浅草文庫の成立と変遷」一・二『図書館

学会年報』第四〇巻第二号・第三号（一九九四年六月〜九月）
小林花子「明治初期上野図書館における目録編纂史稿」（上）（下）『書誌学』復刊第一号・復刊第三号（一九六五年七月〜一九六六年三月）
小林昌樹「図書館ではどんな本が読めて、そして読めなかったのか」柳与志夫・田村俊作『公共図書館の冒険』（二〇一八年、みすず書房）所収
小林昌樹・鈴木宏宗・山田敏之「国立国会図書館にない本」『国立国会図書館月報』第六一二号（二〇一二年三月）
今まど子・高山正也編『現代日本の図書館構想』（二〇一三年、勉誠出版）
斎藤毅「日本における出版物国際交換事業の歴史」『図書館研究シリーズ』第五号（一九六一年一二月）
酒井悌「上野図書館の歴史と現況」『国立国会図書館月報』第四九号（一九六五年四月）
酒井悌・鈴木幸久「ヴァーナー・W・クラップと国立国会図書館」『図書館研究シリーズ』第二〇号（一九七八年）
坂内夏子「図書館員教習所設置の意義」日本図書館文化史研究会編『図書館人物伝』（二〇〇七年、日外アソシエーツ）
佐久間信子「明治初期に於ける官庁資料収集の系譜とその利用」『参考書誌研究』第二号（一九七一年一月）
櫻井良樹『加藤高明』（二〇一三年、ミネルヴァ書房）
佐々木隆『メディアと権力』（一九九九年、中央公論新社）
佐藤政孝『東京の近代図書館史』（一九九八年、新風舎）
佐野昭「帝国図書館蔵書疎開始末記」『国立国会図書館月報』第二三二号（一九八〇年七月）
佐野力「相対する師弟の像」『国立国会図書館月報』第一七〇号（一九七五年五月）
渋川驍『書庫のキャレル』（一九九七年、制作同人社）
清水正三編『戦争と図書館』（一九八五年、白石書店）
清水唯一朗『原敬』（二〇二一年、中公新書）
週刊朝日編『値段の明治・大正・昭和風俗史』（一九八七年、朝日文庫）
書物蔵「日本初の図書館「東京書籍館」は「安全開架」だった?!」『文献継承』第三八号（二〇二一年一〇月）
新藤透「明治期に於ける「選書論」の検討」『日本図書館情報学会誌』第五九巻第一号（二〇一三年三月）
新藤透『図書館の日本史』（二〇一九年、勉誠出版）
薄久代『色のない地球儀』（一九八七年、同時代社）
鈴木宏宗「元帝国図書館長松本喜一著作目録」『参考書誌研究』第五四号（二〇〇一年三月）

鈴木宏宗「帝国図書館長松本喜一について」日本図書館文化史研究会編『図書館人物伝』（二〇〇七年、日外アソシエーツ）
鈴木宏宗「国立国会図書館の和図書」『国立国会図書館月報』第六〇〇号（二〇一一年三月）
鈴木宏宗「明治一〇年代「図書館」は「書籍館」に何故取って代ったか」『近代出版研究』第一号（二〇二二年）
鈴木平八郎『国立図書館』（一九八四年、丸善）
関秀夫『博物館の誕生』（二〇〇五年、岩波新書）
反町栄一『人間山本五十六』（一九七八年、光和堂）
高梨章「俯瞰する出納台」『現代の図書館』第三二巻第四号（一九九四年十二月）
高野彰『帝国大学図書館成立の研究』（二〇〇六年、ゆまに書房）
高橋和子「樋口一葉と上野図書館」『相模国文』第一九号（一九九二年三月）
武居権内『日本図書館学史序説』（一九六〇年、理想社）
竹林熊彦『近世日本文庫史』（一九四三年、大雅堂）
竹林熊彦「近代日本の図書館を築いた人々」（一）〜（七）『土』第三九号〜第四五号（一九五五年九月〜五六年十一月）
田中久徳「旧帝国図書館の和雑誌収集をめぐって」『参考書誌研究』第三六号（一九八九年八月）
田中久徳「旧帝国図書館時代の児童書」『参考書誌研究』第四八号（一九九七年一〇月）
田中友香理『〈優勝劣敗〉と明治国家』（二〇一九年、ぺりかん社）
張偉雄『文人外交官の明治日本』（一九九九年、柏書房）
千代田区編『千代田図書館八十年史』（一九六八年、千代田区）
土屋紀義「寄贈資料からみた帝国図書館と中国」『参考書誌研究』第五八号（二〇〇三年三月）
鶴田真也「旧上野図書館乙部図書和装本の消息」『国立国会図書館月報』第三六八号（一九九一年一一月）
東京国立博物館編『東京国立博物館百年史』本編・資料編（一九七三年、東京国立博物館）
東條文規『図書館の近代』（一九九九年、ポット出版）
東條文規『図書館の政治学』（二〇〇六年、青弓社）
陶山国見「蔵書構成の実態調査およびその評価計画について」『図書館研究シリーズ』第一六号（一九七四年一二月）
外垣豊重「博士論文の収集とその経過について」『国立国会図書館月報』第二〇五号（一九七八年四月）
図書館職員養成所同窓会編『図書館職員養成所同窓会三十年記念誌』（一九五三年、図書館職員養成所同窓会）

鞆谷純一『日本軍接収図書』（二〇一一年、大阪公立大学共同出版会）
長尾宗典「明治期における学問編成と図書館」井田太郎、藤巻和宏編『近代学問の起源と編成』（二〇一四年、勉誠出版）
長尾宗典「明治日本の「国立図書館」構想」『図書館文化史研究』第三三号（二〇一六年九月）
長尾宗典『〈憧憬〉の明治精神史』（二〇一六年、ぺりかん社）
長尾宗典「岐路に立つ図書館」『現代思想』（二〇一八年一二月）
長尾宗典「明治後期の地方雑誌メディアにうつる「都市」」『メディア史研究』第四六号（二〇一九年九月）
長尾宗典「帝国図書館文書の検討」『近代史料研究』第二〇号（二〇二〇年）
長尾宗典「法科と文科」中野目徹編『官僚制の思想史』（二〇二〇年、吉川弘文館）
長尾宗典「帝国図書館の利用者たち」『メディア史研究』第五二号（二〇二二年九月）
長澤孝三『幕府のふみくら』（二〇一二年、吉川弘文館）
中島京子『夢見る帝国図書館』（二〇一九年、文藝春秋）
長嶋孝行「一〇〇万冊の割り付け」『国立国会図書館月報』第四一七号（一九九五年一二月）
永末十四雄『日本公共図書館の形成』（一九八四年、日本図書館協会）
中野目徹『書生と官員』（二〇〇二年、汲古書院）
中野目徹『三宅雪嶺』（二〇一九年、吉川弘文館）
中林隆明「東京書籍館成立と田中不二麿」弥吉光長先生喜寿記念会編『図書館と出版文化』（一九七七年、弥吉光長先生喜寿記念会）
中林隆明「上野図書館における洋書の形成について」石井敦先生古稀記念論集刊行会編『転換期における図書館の課題と歴史』（一九九五年、緑蔭書房）
中林隆明「明治初期の図書館行政と田中不二麿」『人文・社会科学論集』第二二号（二〇〇四年）
永嶺重敏『〈読書国民〉の誕生』（二〇〇二年、日本エディタースクール）
西村正守「上野図書館掲示板今昔記　その一〜六」『国立国会図書館月報』第一三六号〜第一四一号（一九七二年七月〜一二月）
西村正守「文書に見る帝国図書館の新聞収集」『参考書誌研究』第六号（一九七二年一〇月）
西村正守「予算面よりみた東京府書籍館」『図書館学会年報』第一九巻第一号（一九七三年九月）
西村正守「東京書籍館の人々」『図書館学会年報』第二〇巻第一号（一九七四年七月）

西村正守「上野図書館こぼれ話」（上）（中）（下）『日本古書通信』第四〇巻第四号〜第六号（一九七五年四月〜六月）
西村正守「帝国図書館出納略史」『図書館研究シリーズ』第一七号（一九七六年二月）
西村正守「帝国図書館婦人職員略史」『図書館研究シリーズ』第一七号（一九七六年二月）
西村正守「刻む百年の歩み」『参考書誌研究』第一二号（一九七六年三月）
西村正守「予算面よりみた東京書籍館」『図書館学会年報』第二二巻第一号（一九七六年五月）
西村正守「東京府書籍館の人々」『図書館学会年報』第二三巻第二号（一九七七年九月）
西村正守「股火鉢と「上野略史」」『国立国会図書館月報』第二一一号（一九七八年一〇月）
西村正守「鹿島則泰覚書」『図書館学会年報』第二五巻第一号（一九七九年三月）
西村正守「田中稲城（一八五六―一九二五）」『図書館雑誌』第七四巻第二号（一九八〇年二月）
西村正守・佐野力「東京書籍館における旧藩蔵書の収集」『図書館研究シリーズ』第一五号（一九七三年二月）
西村正守「東京書籍館における欠本補充」『図書館学会年報』第二五巻第三号（一九七九年九月）
西村正守「「東京府書籍館の人々」拾遺」『図書館学会年報』第二五巻第三号（一九七九年九月）
日本書籍出版協会編『日本出版百年史年表』（一九六八年、日本書籍出版協会）
日本図書館協会編『近代日本図書館の歩み』本篇・地方篇（一九九二年〜九三年、日本図書館協会）
根本彰『アーカイブの思想』（二〇二一年、みすず書房）
能勢信二「上野図書館建設の道のり」『国立国会図書館月報』第三二〇号（一九八七年一一月）
橋川俊樹「漱石の岳父・中根重一の研究（一）」『共立女子大学国際学部紀要』第三五号（二〇一八年）
橋本鉱市「医師集団と非学歴層」『放送教育開発センター研究報告』第六七集（一九九四年）
橋本美保『明治初期におけるアメリカ教育情報受容の研究』（一九九八年、風間書房）
羽仁五郎『図書館の論理』（一九八一年、日外アソシエーツ）
樋口秀雄『浅草文庫誌』（一九七四年、日本古書通信社）
日比嘉高編『図書館情調』（二〇一七年、皓星社）
藤野幸雄『大英博物館』（一九七五年、岩波新書）
藤野幸雄『アメリカ議会図書館』（一九九九年、中公新書）

藤元直樹「乱歩と活動写真」『国立国会図書館月報』第六九八号（二〇一九年六月）
牧野正久「年報『大日本帝国内務省統計報告』中の出版統計の解析」（上）（下）『日本出版史料』第一号・第二号（一九九五年～一九九六年）
松沢裕作『日本近代社会史』（二〇二二年、有斐閣）
松本健一『評伝北一輝』第二巻（二〇〇四年、岩波書店）
三浦太郎「〝書籍館〟の誕生」『東京大学大学院教育学研究科紀要』第三八号（一九九八年）
三浦太郎「戦後占領期初代図書館担当官キーニー」日本図書館文化史研究会編『図書館人物伝』（二〇〇七年、日外アソシエーツ）
三浦太郎「明治初期の文教行政における図書館理解」『青山学院大学教育学会紀要』第五三号（二〇〇九年三月）
三浦太郎「戦前から戦後占領期日本における図書館員養成の実態」『明治大学人文科学研究所紀要』第七〇号（二〇一二年三月）
水谷悟『雑誌『第三帝国』の思想運動』（二〇一五年、ぺりかん社）
宮崎真紀子「戦前期の図書館における婦人室について」『図書館界』第五三巻第四号（二〇〇一年一一月）
宮地正人『日露戦後政治史の研究』（一九七三年、東京大学出版会）
文部省編『学制百年史』（一九七二年、帝国地方行政学会）
山梨あや『近代日本における読書と社会教育』（二〇一一年、法政大学出版会）
ルビンジャー、リチャード著、川村肇訳『日本人のリテラシー』（二〇〇八年、柏書房）
和崎光太郎「新教育」山口輝臣・福家崇洋編『思想史講義　大正篇』（二〇二二年、ちくま新書）
和田敦彦『「大東亜」の読書編成』（二〇二二年、ひつじ書房）

ウェブサイト（最終アクセス二〇二二年一〇月三〇日）
国立教育政策研究所教育図書館近代教科書デジタルアーカイブ（https://www.nier.go.jp/library/textbooks/）
国立国会図書館電子展示会「インキュナブラ―西洋印刷術の黎明―」（https://www.ndl.go.jp/incunabula/）
国立国会図書館電子展示会「写真の中の明治・大正」（https://www.ndl.go.jp/scenery_top/）
筑波大学情報学群知識情報・図書館学類「図書館学校創設一〇〇周年記念」（https://klis.tsukuba.ac.jp/klis100th/）

帝国図書館 関係年表

西暦で表記し、太陽暦採用以前は［ ］内に旧暦を併記した。

西暦	事項	関連事項
1871		9月2日［旧明4年7月18日］文部省設置
1872	6月3日［旧明5年4月28日］文部省博物局書籍館設置　9月3日［旧明5年8月1日］書籍館開館	9月5日［旧明5年8月3日］学制頒布
1873	3月19日　書籍館、博物館、博物局、小石川薬園ともに正院博覧会事務局に合併	11月10日　内務省設置
1874	8月13日　書籍館、浅草に移転し浅草文庫と改称	
1875	2月9日　書籍館、博覧会事務局と分離、文部省の所管に戻る　3月13日　文部省准刻課に納本された国内新刊図書の1部を書籍館に交付する制度を定める　4月8日　書籍館、東京書籍館と改称　5月17日　東京書籍館、湯島大成殿を仮館として閲覧を開始　5月30日　東京書籍館、旧藩の蔵書交付を文部省に申請し許可される	6月28日　新聞雑誌出版許可の事務が文部省から内務省に変更　9月3日　出版条例改正
1876	6月『東京書籍館書目　内国新刊和漢所之部　第一輯』刊行、同洋図書目録刊行　7月1日　東京書籍館、夜間開館開始　9月22日　法律書庫設置	11月2日　内務省、図書納本中、彫画類の東京書籍館への送付停止
1877	2月4日　東京書籍館廃止　3月29日　法律書庫閉鎖　5月4日　東京書籍館、東京府に移管。東京府書籍館と改称	

1880	5月『東京府書籍館新刊書籍目録 第1輯』刊行　7月1日 東京府書籍館、文部省の所管に復す。東京図書館と改称	
1883	4月『東京図書館和漢書分類目録前編』刊行	
1884	4月 東京図書館の洋書分類、許可	
1885	6月2日 東京図書館を上野の東京教育博物館と合併　9月18日 上野に移転　10月2日 東京図書館、上野の東京教育博物館内で開館	12月22日 内閣制度導入
1886	3月29日 東京図書館および東京教育博物館、文部省総務局の所属となる	
1887	11月25日『東京図書館季報』創刊、八門分類公表	12月28日 新聞紙条例、出版条例改正
1888	7月6日 東京図書館、満15歳未満の入館停止	
1889	3月2日 東京図書館官制公布　3月25日 大日本教育会附属書籍館への通俗図書の貸付を開始　7月3日 東京教育博物館、東京図書館と分離。教育博物館は高等師範学校の附属となり湯島に移転	2月11日 大日本帝国憲法発布　7月15日 大日本教育会書籍館、神田柳原河岸に移転開館
1890	3月24日 田中稲城、東京図書館長就任	11月25日 第1回帝国議会召集
1891	7月27日 東京図書館官制改正　7月30日『東京図書館に関する意見要略』	
1892		3月1日 日本文庫協会発足
1893		4月14日 出版法公布
1894	11月15日 外務省、宗家文書を東京図書館に移管　11月26日 旧幕府引継書を東京府から借用	8月1日 清国に宣戦布告（日清戦争）

1896	**2月14日** 貴族院本会議、帝国図書館を設立するの建議案可決 **3月25日** 衆議院本会議、帝国図書館設立の建議案可決	
1897	**4月27日** 帝国図書館官制公布、帝国図書館新築設計委員任命	
1899	**7月13日** 上野公園内の空き地を帝国図書館建設地と正式決定	**11月11日** 図書館令公布
1900	**8月3日** 帝国図書館官制改正、司書官を置く	
1902		**6月15日** 大橋図書館開館式
1903	**7月15日** 帝国図書館、天台山記購入	**8月1日** 日本文庫協会主催第1回図書館事項講習会開催
1904		**2月10日** 日露戦争勃発 **3月1日** 中之島図書館開館
1905	**12月23日** 旧幕府引継書、帝国図書館に永久寄託となる	
1906	**3月20日** 帝国図書館新館開館式	**3月20日** 全国図書館大会第1回
1907		**10月17日**『図書館雑誌』創刊
1908		**3月29日** 日本文庫協会、日本図書館協会と改称 **11月16日** 東京市立日比谷図書館開館
1909		**5月6日** 新聞紙法公布
1910	この年より『出版物検閲通牒綴』を作成	**2月3日** 小松原訓令 **6月** 大逆事件の検挙始まる
1911	**1月25日** 東京美術学校火災により帝国図書館乙部図書3万冊が罹災、利用不能となる（翌年7月に廃棄） **4月1日** 帝国図書館、スミソニアン協会との交換業務を外務省から引き継ぐ	**10月27日**『図書館書籍標準目録』創刊
1915		**8月9日** 台湾総督府図書館公開

帝国図書館 関係年表

1918	**6月1日** 帝国図書館夜間閲覧開始	**6月1日** 文部省図書館員教習所設置
1921	**11月29日** 田中稲城、帝国図書館長依願免官。松本喜一、帝国図書館長事務取扱兼帝国図書館司書官発令	
1922	**4月1日** 図書館員教習所、帝国図書館の附設となる	
1923	**1月11日** 松本喜一、帝国図書館長に任ぜられる　**9月3日** 帝国図書館、関東大震災の避難民を収容　**10月11日** 閲覧業務再開	**9月1日** 関東大震災、内務省の保管する納本出版物焼失
1925	**4月1日** 図書館員教習所、図書館講習所と改称	**4月3日** 朝鮮総督府図書館設置
1926		**9月23日** 東京帝国大学法学部に明治新聞雑誌文庫開設
1928	**6月5日** 帝国図書館本館増築工事起工　**9月20日** 内務省、納本雑誌の1部を帝国図書館に交付することを文部省に回答	
1929	**8月4日** 帝国図書館本館増築工事竣工	**2月7日** 日本図書館協会、国際図書館聯盟（IFLA）加入決定
1930	**3月15日** 帝国図書館本館増築工事落成式	**11月4日** 社団法人日本図書館協会設立認可
1931	**4月2日** 松本喜一、図書館の使命について昭和天皇に御進講	
1933		**7月1日** 図書館令改正
1934	**6月20日** 帝国図書館安川書庫竣工	
1935	**4月16日** 帝国図書館、文部省からの学位論文引継ぎの申し合わせ成立　**7月1日** 帝国図書館前庭の小泉八雲記念碑除幕式　**12月1日** 帝国図書館構内に新営中の図書館講習所竣工	**2月** 貴族院で美濃部達吉の「天皇機関説」が問題化

1937	3月19日 内務省から交付されなかった発禁図書の副本が公布されるようになる 11月19日 帝国図書館、内務省警保局図書課に新刊図書閲覧順位表の送付を開始 12月27日 『時局に関する図書目録』刊行	7月7日 盧溝橋事件 この年より、『小学国語読本』に「図書館」の課が加わる
1940	11月21日 ドイツ政府から帝国図書館に図書691冊寄贈	
1941	4月18日 帝国図書館、日本文化に関する図書300冊をドイツ大使館に寄贈 10月28日 帝国図書館利用を満20歳以上に限る	12月8日 ハワイ真珠湾攻撃
1942	11月3日 七〇周年記念式典	
1943	7月24日 文部省、香港の戦利図書を帝国図書館に交付 8月23日 文部省、戦利図書の整理を帝国図書館に依頼 11月12日 帝国図書館、貴重図書の長野県への疎開を開始	5月19日 中央図書館長協会、中央図書館令制定に関する建議を議決
1944	3月 帝国図書館が保管する戦利図書のうち南方研究に関する資料目録編纂 3月15日 『帝国図書館報』休刊 5月12日 第二次疎開 8月22日 第三次疎開。南方諸地域の戦利図書を帝国図書館に交付 12月8日 灯火管制のため夜間閲覧停止 12月11日 乙部図書を帝室博物館地下に疎開	7月11日 日独文化交換委員会設置、帝国図書館が出版物交換の任に当たる 10月 本土空襲本格化
1945	3月10日 図書館講習所閉鎖 3月13日 県立長野図書館の疎開蔵書を飯山に再疎開 8月17日 帝国図書館、占領軍接収を避けるため疎開計画続行を決定 11月13日 松本喜一帝国図書館長、在職中に死去	3月10日 東京大空襲 3月15日 日本図書館協会、財団法人に改組 8月15日 玉音放送

帝国図書館 関係年表

1946	3月13日　岡田温司書官、GHQ民間情報教育局図書館担当官キーニーに「帝国図書館拡充強化ノ主綱（案）」提出　5月13日　岡田温、帝国図書館長に任ぜらる　8月15日　帝国図書館、この日より約1ヵ月で戦利図書の整理を実施	4月8日　キーニー、Unified Library service for Japan 発表　11月3日　日本国憲法公布
1947	5月15日　帝国図書館附属図書館職員養成所開講式挙行　8月　1941年以来中断していた日米出版物の国際交換再開　11月10日　アメリカ図書館協会、1939年以降の図書を上野図書館に寄贈　12月4日　帝国図書館、国立図書館と改称	4月30日　国会図書館法公布　5月3日　日本国憲法施行　12月14日　クラップ、ブラウン来日（12月17日～48年1月6日覚書を発表）
1948	1月24日　国立図書館、米国図書館使節の覚書に対する意見書作成　2月18日　岡田温国立図書館長、国立国会図書館法の制定に関する意見を『日本読書新聞』に公表　5月31日　岡田温、金森徳次郎の懇請により国立国会図書館整理部長に転出　6月18日　加藤宗厚、国立図書館長に任命　7月　加藤宗厚『国立図書館の現状』を作成　8月1日　国際交換業務を国立国会図書館に移管	1月30日　日本図書館協会、国立国会図書館法案に対する意見書を提出　2月9日　国立国会図書館法公布　2月25日　金森徳次郎、国立国会図書館長に任命　6月5日　国立国会図書館開館式　9月21日　上野公園の国立図書館移管準備協議会設置　12月8日　国立図書館移管準備協議会、国立国会図書館長に答申
1949	3月31日　国立図書館閉庁式　4月1日　国立図書館、国立国会図書館支部上野図書館となる	

帝国図書館文書『上野図書館沿革史料集』『国立国会図書館五十年史』資料編などをもとに作成

本文中に使用した図版のうち、以下の資料は国立国会図書館所蔵のものを使用した（国立国会図書館デジタルコレクションでインターネット公開されているものも含む）。

「書籍館書冊借覧規則」（『〔博物館図画弁書籍館借覧規則等〕』所収）、『子爵田中不二麿伝』、『聖堂略志』修訂版、『東京書籍館書目　内国新刊和漢書之部』、『花月』第7号、『手島精一先生伝』、『東京図書館ニ関スル意見要略』、『東京帝国大学』、『帝国図書館設立案』、『今世少年』第1巻第2号、『帝国図書館概覧』、『東京風景』、『館内諸規程職員分課等』（帝国図書館文書）、『社会教育』第2巻11月号、『書物展望』第8巻第7号通巻第85号、『時局に関する図書目録』、『〔帝国図書館官制改正原案〕』（帝国図書館文書）

長尾宗典（ながお・むねのり）

1979年群馬県生まれ．筑波大学第一学群人文学類卒業．筑波大学大学院博士課程人文社会科学研究科歴史・人類学専攻単位取得退学．博士（文学）．国立国会図書館司書，城西国際大学国際人文学部准教授を経て，2023年より筑波大学人文社会系准教授．専門は日本近代史，思想史，メディア史．

著書『〈憧憬〉の明治精神史』（ぺりかん社，2016年）
共著『近代日本の思想をさぐる』（中野目徹編，吉川弘文館，2018年）
『官僚制の思想史』（中野目徹編，吉川弘文館，2020年）
ほか

帝国図書館《ていこくとしょかん》
—近代日本《きんだいにほん》の「知《ち》」の物語《ものがたり》

中公新書 *2749*

2023年4月25日発行

著　者　長尾宗典
発行者　安部順一

本文印刷　暁印刷
カバー印刷　大熊整美堂
製　　本　小泉製本

発行所　中央公論新社
〒100-8152
東京都千代田区大手町1-7-1
電話　販売　03-5299-1730
　　　編集　03-5299-1830
URL　https://www.chuko.co.jp/

Published by CHUOKORON-SHINSHA, INC.
Printed in Japan　ISBN978-4-12-102749-8 C1221